Petit Dictionnaire des trucs

Paule Vani

Petit Dictionnaire DES TRUCS

France Loisirs
123, bd de Grenelle - Paris

Édition du Club France Loisirs, Paris
avec l'autorisation des Éditions Albin Michel

ISBN 2-7242-1263-0

A

PETIT DICTIONNAIRE DES TRUCS

Abat-jour

• *Luminosité*

Pour qu'un abat-jour diffuse une plus grande lumière, en tapisser l'intérieur d'une feuille de papier d'aluminium ménager.

• *Nettoyage*

S'il est en raphia ou en paille, il attire particulièrement la poussière. Cependant, si vous passez dans le sens des fils une éponge imbibée de lait écrémé et si vous essuyez ensuite avec un chiffon sec, il retrouvera sa netteté.

Adhésifs

• *Pose*

Tous les revêtements adhésifs ont tendance à se rétracter après la pose, ce qui a pour effet de créer un léger espace entre les lés. Pour pallier cet inconvénient, une solution inattendue mais efficace : placer les rouleaux au réfrigérateur pendant une heure ou deux avant de commencer la pose.

• *Cloques*

L'apparition de cloques constitue un autre inconvénient majeur rencontré lors de la pose d'adhésif. Pour l'éviter, imbiber un chiffon d'un peu d'huile et en imprégner la surface à recouvrir. Ceci suffit pour empêcher la formation de poches d'air.

θ→ Si le conseil précédent arrive trop tard, sachez que la seule méthode pour éliminer les cloques consiste à les piquer avec une aiguille, et à lisser l'adhésif dès que l'air s'est échappé.

• *Décollage*

Surtout, ne pas essayer de tirer sur un adhésif pour le décoller, car le résultat serait catastrophique, tant la colle est résistante. En revanche, vous procéderez très facilement au décollage d'un panneau après avoir passé sur celui-ci un fer à repasser tiède.

Ail

• *Utilisation*

θ→ Ne jamais laisser brunir l'ail dans de l'huile, il dénaturerait le goût des aliments.

θ→ Pour que l'ail perde de sa virulence et se digère plus facilement, l'utiliser plutôt haché ou émincé ou encore le broyer à l'aide d'un mortier ou d'un presse-ail.

θ→ Piquer les éclats d'ail sur un bâtonnet (cure-dent) avant de les intégrer à un plat en sauce vous permettra de les retirer facilement au moment de servir.

• *Haleine*

Afin d'éviter les traces par trop méridionales laissées par la cuisine à l'ail, plusieurs solutions s'offrent à vous :

θ→ Manger du persil cru ;

θ→ Boire de l'alcool de menthe ;

θ→ Croquer des grains de café ou de cardamone.

• *Conservation*

La tresse constitue la seule solution efficace et qui plus est décorative. Le principe en est simple : tresser de la grosse ficelle en même temps que les tiges et intégrer de nouvelles têtes d'ail au fur et à mesure que la tresse s'allonge. Ainsi, chaque tête d'ail sera entièrement au contact de l'air.

Albâtre

D'un entretien délicat, mais pas impossible si vous procédez ainsi : à l'aide d'une brosse douce, éliminer toute la poussière. Nettoyer ensuite en décrivant lentement des cercles réguliers avec un chiffon imbibé d'essence de térébenthine. Laisser sécher, puis polir avec du talc, du plâtre à modeler ou bien du blanc d'Espagne très sec. Utiliser pour ce polissage une peau de chamois de préférence.

Alcool

• *Taches sur bois ciré*

θ→ Couper un bouchon de liège afin d'obtenir une rondelle avec laquelle on frotte les taches comme avec une gomme.

θ→ Imbiber d'essence de térébenthine puis cirer.

• *Taches sur bois massif*

De multiples solvants peuvent être utilisés : éther, essence minérale, benzine... et en cas de tache particulièrement rebelle, faire un essai avec de l'essence à briquet.

Allumettes

• *Utilisation*

Si vous perdez l'habitude d'utiliser le grattoir de votre boîte d'allumettes dans le sens horizontal pour le faire désormais dans le sens de la hauteur, vous constaterez que vos allumettes s'enflammeront immédiatement et que le grattoir durera plus longtemps.

• *Humidité*

Deux solutions pour pouvoir utiliser malgré tout des allumettes ayant souffert de l'humidité :

θ→ Tremper le bout de l'allumette dans un flacon de vernis à ongles ;

θ→ Frotter les allumettes humides entre les poils d'une brosse, ce qui aura pour effet de les faire sécher immédiatement.

Aluminium

• *Nettoyage*

Une recette de grand-mère pour nettoyer une casserole d'aluminium encrassée : y faire cuire de la rhubarbe ou de l'oseille.

• *Brillant*

Un peu d'huile et quelques gouttes d'alcool à brûler bien mélangés et passés sur vos plats ou casseroles en aluminium les fera reluire.

Ambre

• *Entretien*

Rien ne vaut une peau de chamois ou une flanelle légèrement imbibée d'huile d'olive.

Amidon

Sachez qu'un peu de sel dans l'amidon cru ou cuit donne du lustre au linge.
De plus, la présence du sel dans l'eau amidonnée évite que l'amidon ne colle au fer.

• *Lavage machine*

Ne renoncez pas à l'usage de l'amidon lorsque vous lavez votre linge en machine, puisque vous pouvez fort bien, avant le dernier rinçage, ajouter dans votre machine à laver un peu d'amidon délayé dans un verre d'eau. Qui plus est, la durée de votre linge s'en trouvera prolongée.

• *De remplacement*

Si vous devez empeser des dentelles, napperons ou cols, gardez l'eau de cuisson des pâtes alimentaires ou du riz. Elle fera parfaitement office d'eau amidonnée.

• *Autre usage*

Retenez cette utilisation astucieuse (et détournée) de l'amidon : une demi-cuillerée à café d'amidon délayée dans un demi-litre d'eau constitue un excellent produit d'entretien des vitres particulièrement tachées de graisse. Seule précaution à prendre : essuyer immédiatement.

Ampoule électrique

• *Nettoyage*

ϑ→ L'alcool à brûler constitue la solution idéale.

ϑ→ Pour une ampoule en verre dépoli, utiliser une moitié d'oignon et terminer avec un chiffon humide.

• *Parfumée*

Quelques gouttes d'huile essentielle (choisissez votre parfum préféré) versées sur l'ampoule d'une lampe avant d'allumer la lumière, et cela suffit pour que toute la maison sente bon.

Anchois

• *Dessalage*

Après un séjour dans du lait cru, ils seront parfaitement dessalés.

Angora

• *Pull*

Ne renoncez plus à porter votre pull angora parce qu'il perd ses poils, puisqu'il vous suffira, après l'avoir mis dans un sac en plastique, de l'entreposer pendant trois ou quatre jours dans votre réfrigérateur pour que cet inconvénient disparaisse.

Anti-monte-lait

• *De remplacement*

Le lait ne se sauvera plus, même si vous ne retrouvez pas votre anti-monte-lait, à condition que vous placiez au fond de la casserole une soucoupe retournée ou encore une petite cuillère.

• *Autre utilisation*

La prochaine fois que vous ferez de la confiture, mettez votre anti-monte-lait dans le récipient où elle cuit ; elle sera brassée et ne risquera plus de coller au fond.

Argenterie

• *Entretien*

θ→ La frotter avec un chiffon de coton imprégné de bicarbonate de soude.

θ→ Frotter avec un chiffon doux imprégné d'alcool à brûler.

θ→ Autre solution originale et efficace : utiliser l'eau de cuisson des épinards, de l'oseille ou de la rhubarbe.

θ→ L'eau de cuisson des pommes de terre ou même des épluchures de pommes de terre constitue également un produit d'entretien très satisfaisant.

θ→ Une recette de bonne femme à retenir également : frotter l'argenterie avec un chiffon de laine et de la fécule de pomme de terre.

θ→ Récupérer la suie de votre cheminée et frottez-en votre argenterie. Efficacité assurée.

θ→ Mélanger un peu de savon noir à de l'eau chaude, battre jusqu'à l'obtention d'une mousse. Laisser tremper les bibelots et couverts pendant quelques minutes puis les essuyer. Le résultat est tout à fait satisfaisant.

θ→ Pour des bibelots particulièrement noircis, mélanger en parties égales du vinaigre et de l'ammoniaque. Utiliser une vieille brosse à dents pour étaler ce mélange et rincer abondamment en n'hésitant pas à insister avec la brosse sur les ciselures.

Les méfaits du tabac ne sont plus à décrire, mais si vous êtes fumeur, retenez ces astuces vous permettant à moindre frais d'avoir à disposition de quoi nettoyer votre argenterie :

θ→ Un peu de cendre mélangée à du jus de citron sera fort appréciée par votre argenterie, à condition bien sûr que vous rinciez ensuite abondamment ;

- Vous pouvez encore faire tremper cette argenterie dans de l'eau additionnée de cendre et faire bouillir le tout pendant un quart d'heure.
- Souvenons-nous également qu'une boule de camphre placée à proximité de l'argenterie permet d'espacer considérablement les nettoyages fastidieux.

• *Taches d'œuf*

Trois solutions s'offrent à vous :

- La première fait appel au citron ; il suffit de frotter les couverts tachés avec une moitié de ce fruit.
- La seconde : frotter avec une pomme de terre cuite à l'eau et écrasée.
- Enfin, si vous disposez d'un peu de terre humide ne contenant pas de gravier, n'hésitez pas à vous en servir pour faire disparaître les traces laissées par les œufs.

• *Ternie*

- Si le mal n'est pas trop grave, un bon brossage avec de l'eau savonneuse, un rinçage abondant et un polissage à la peau de chamois devraient suffire.
- Une argenterie devenue vraiment très mate retrouvera l'essentiel de son brillant si vous la plongez dans un bain de lait tourné. Laissez ensuite sécher et frottez-la légèrement avec un chiffon doux.

• *Piquée*

Quand de vilaines taches noires apparaissent à la surface de l'argenterie, on dit que celle-ci est « piquée ». Le mal est cependant rattrapable en faisant tout simplement appel au vinaigre : un bain d'un quart d'heure dans du vinaigre chaud et le tour est joué.

• *Rangement*

Une grande économie de temps et d'énergie peut être faite si l'argenterie non utilisée quotidiennement est rangée à l'abri de l'air et de la lumière. Pour ce faire, plusieurs possibilités :

- L'écrin, bien entendu ;
- Les sacs de feutrine noire ;

- Le papier de soie noir ;
- Et, avantage des temps modernes, l'aluminium ménager.

Armes

• *Rouillées*

Frotter toutes les pièces rouillées avec le mélange suivant : huile d'olive délayée avec des fleurs de soufre et du tripoli.

Aromates

• *Conservation*

Si vous avez un congélateur, vous pouvez gagner du temps en évitant la corvée d'épluchage avant chaque utilisation de l'ail, du persil ou de l'oignon, pour ne citer que les principaux aromates auxquels vous faites appel. Hachez-en donc une bonne quantité et répartissez dans de petits cubes pour glaçons que vous placerez bien entendu dans votre congélateur. Vous n'aurez qu'à prélever la quantité nécessaire au fur et à mesure de vos besoins.

Arrosage

• *Plantes d'appartement*

- L'essentiel du secret d'un bon arrosage tient dans la fréquence de celui-ci. Trop ou trop peu ; les deux extrêmes sont nuisibles. Si vous n'avez pas les « doigts verts », sachez qu'en tapant sur le pot avec un couteau, vous pourrez savoir si votre plante réclame de l'eau ou non. Si le son rendu est sourd, ce n'est pas nécessaire ; s'il est clair, un arrosage s'impose.

- L'eau d'arrosage doit être à la même température que la pièce. En conséquence, prévoyez toujours de laisser cette eau séjourner pendant une bonne heure à température ambiante avant de l'utiliser. Par ailleurs, n'hésitez pas à verser quelques gouttes de vinaigre dans cette eau pour neutraliser le calcaire en suspension. Votre plante vous en saura gré.

Assiette

- *Fêlée*

Choisissez une casserole suffisamment grande pour la contenir, remplissez-la de lait et immergez l'assiette fêlée. Laissez bouillir pendant trois quarts d'heure et une fois ce temps écoulé, la fêlure n'apparaîtra plus.

- *De collection*

L'attachement porté à ce type d'assiette mérite quelques ménagements. Lavez-la dans de l'eau chaude additionnée de détergent doux, rincez puis séchez complètement. Afin d'obtenir un brillant parfait, frottez-la avec un tampon de coton imbibé d'alcool à brûler. Laissez évaporer et faites briller.

Artichaut

- *Croissance*

Oui, vous pouvez aider la nature, et faire grossir les têtes d'artichauts en procédant ainsi : quand la tige a atteint sa taille définitive, la fendre en croix, juste sous la tête, et y glisser deux allumettes qui se trouveront donc entrecroisées.

- *Conservation*

Le traiter comme une fleur n'est que justice, puisqu'il en est le bouton ; vous le conserverez donc en en faisant tremper la queue dans un verre d'eau que vous changerez chaque jour comme vous le feriez pour une fleur.

Aubergines

Pour que les aubergines ne rendent plus à la cuisson un jus noir peu appétissant, les faire tremper pendant trois ou quatre heures dans de l'eau salée.

- *Friture*

Pour que les tranches d'aubergine n'absorbent plus l'huile dans laquelle vous les faites cuire, passez-les dans un blanc d'œuf et elles ne joueront plus le rôle d'éponges.

Auréoles

Lorsque à la tache qui vient d'être enlevée succède une auréole, le cas n'est pas désespéré si le tissu concerné est grand teint. En effet, il suffit alors de présenter la partie du vêtement détaché au-dessus d'un récipient contenant de l'eau bouillante.

Avocats

• *Maturité*

Ne restez plus perplexe, lorsque vous faites votre marché, devant l'étalage des avocats parmi lesquels vous devez faire votre choix. Une simple pression du doigt à la base du pédoncule vous permettra de savoir si ce fruit exotique est immédiatement consommable. Si la chair résiste, il n'est pas encore mûr ; si elle est souple, vous pourrez le servir le jour même.

• *Conservation*

Pour conserver des avocats, enfouissez-les complètement dans une terrine remplie de farine.

B

PETIT DICTIONNAIRE DES TRUCS

Bac à glace

Plus de problème pour décoller votre bac à glace si vous prenez la précaution d'en frotter le dessous et les côtés avec une bougie.

Bagages

• *Entretien*

⊕ En toile : rien ne vaut de l'eau froide additionnée d'ammoniaque dans les proportions suivantes : cinq cuillerées à soupe par litre d'eau.

⊕ En plastique : un peu de lessive dans de l'eau tiède, un rinçage soigneux et ils retrouveront leur propreté.

⊕ En cuir (voir cuir).

• *Transport*

Une astuce toute simple pour tous vos bagages comportant deux poignées : retenez-les ensemble au moyen d'une attache pour éviter d'être tenté de les tenir par une seule poignée, et pour que leur transport soit plus facile.

• *Bien faits*

⊕ Jupe plissée : ne renoncez plus à l'emporter en voyage de crainte qu'elle ne ressorte froissée de votre valise car il suffit de l'enfiler dans la jambe d'un vieux bas ou collant pour la protéger de tout risque de faux plis.

Robe : prendre l'habitude de plier une robe à la hauteur de la taille évite d'avoir à repasser celle-ci au sortir de la valise, surtout si vous glissez une feuille de papier de soie entre la partie corsage et la partie jupe. Faites-le au moins une fois, et au vu du résultat, vous ne considérerez plus cela comme un luxe superflu.

Baguettes

• *Menuiserie*

Pour qu'elles ne se fendent plus lorsque vous les clouez, émoussez la pointe des clous avant de les enfoncer.

Bain

• *De beauté*

Pourquoi ne pas prendre exemple sur la recette de Néfertiti, reine d'Égypte célèbre pour sa beauté, lorsque vous prenez un bain ? C'est tout simple : plonger dans l'eau du bain (une fois celle-ci à bonne température) un sac de mousseline contenant environ un kilo de son. Bien presser le sac afin d'en exprimer toute la teneur en farine blanche et mélanger à l'eau du bain qui deviendra laiteuse. Votre peau en sera adoucie et satinée.

Balai

• *De paille*

Avant de l'utiliser pour la première fois, prenez le temps de le laisser tremper pendant quelques heures dans de l'eau froide fortement salée. Laissez-le sécher avant de vous en servir et ce bain aura pour effet d'en prolonger la durée.

Vous obtiendrez d'ailleurs le même résultat en l'imbibant d'une solution de 250 grammes de chlorure de magnésium dans un litre d'eau. Cette solution a pour autre avantage de rendre la paille particulièrement souple.

Ensuite, je vous conseille de glisser ce balai (en commençant par le manche) dans un vieux bas que vous ferez descendre jusqu'à la moitié des pailles. Ainsi maintenues, elles resteront groupées.

- *De crin*

Presque inévitablement, les crins d'un balai s'affaissent au bout d'un certain temps, mais le procédé pour leur redonner leur tenue est fort simple : les maintenir au-dessus d'un récipient rempli d'eau bouillante.

Balles

- *De ping-pong*

Ce truc pour récupérer les balles de ping-pong cabossées ne donnera pas entièrement satisfaction aux pongistes confirmés, mais contentera tous ceux, et surtout les enfants, qui font une grande consommation de balles : après un séjour de quelques minutes dans de l'eau qui bout, les bosses disparaissent et il suffit de laisser sécher les balles pour pouvoir s'en servir de nouveau.

Bambou

- *Entretien*

Il fait un retour en force sous de multiples formes, et son entretien laisse souvent sceptique. On obtient pourtant de très bons résultats en le brossant avec de l'eau chaude additionnée d'un peu de lessive (non moussante de préférence) et de quelques gouttes d'ammoniaque. Après l'avoir rincé avec une éponge, le frotter une fois sec avec un chiffon imprégné de quelques gouttes d'huile de lin. Il suffit alors de le faire briller.

Barbecue

L'odeur de poisson grillé est tenace, et particulièrement désagréable lorsqu'il s'agit d'un barbecue. Pour la faire disparaître, faire chauffer la grille jusqu'à ce que tous les débris de poisson soient carbonisés. La frotter ensuite avec un papier journal pour que toutes les particules restées accrochées disparaissent. Un bon lavage et vous pourrez faire des grillades sans crainte.

Basilic

Le charme essentiel des feuilles de basilic tient à leur saveur légèrement poivrée. Pour préserver celle-ci, utilisez-les écrasées ou pilées, et ne le faites qu'au dernier moment car leur couleur se modifie rapidement au contact de l'air.

Beignets

• *Pâte*

Une simple cuillerée à café de levure chimique dans une pâte à beignets et ils seront beaucoup plus légers.

Betterave

• *Épluchage*

Vous savez qu'une betterave crue doit cuire au moins deux heures dans de l'eau bouillante, mais peut-être ignorez-vous que pour l'éplucher facilement, il faut la plonger immédiatement dans de l'eau froide. Ce chaud et froid vous facilitera grandement la tâche.

• *Cuisson*

Si vous l'appréciez surtout quand elle est moelleuse, passez-la au four (environ une heure trente) avant de la cuire à l'eau.

• *En salade*

θ→ Elle sera meilleure si vous ajoutez une cuillerée à café de sucre en poudre à la sauce vinaigrette ;

θ→ Sa couleur agrémente très joliment un plat de crudités, mais attention, elle n'est pas « garantie grand teint » ! Ne l'ajoutez donc qu'au dernier moment, sinon tout devient rose.

Beurre

• *Conservation*

⊕→ Pour garder du beurre frais sans réfrigérateur, enveloppez-le dans un linge imbibé d'eau vinaigrée puis essoré.

⊕→ Enfermé sous un pot de fleurs retourné et le tout enveloppé dans un linge mouillé, il se conservera également fort bien.

• *Rance*

Une simple carotte pourra vous permettre de récupérer un beurre rance si, après l'avoir plantée dans celui-ci, vous laissez agir pendant trois ou quatre heures.

• *Taches*

⊕→ Sur fibres synthétiques : tout simplement de l'eau savonneuse et éventuellement de l'essence minérale.

⊕→ Sur tissus de coton et grand teint : savonner à sec avant de laver.

⊕→ Sur de la laine ou de la soie : faites appel à la terre de Sommières.

Bidon

Plus de pertes d'huile ou d'essence la prochaine fois que vous viderez un bidon dans le réservoir de votre voiture si vous pensez à incliner le bidon à plat et non sur la tanche comme on a généralement l'habitude de le faire.

Bière

• *Taches*

⊕→ Sur du coton blanc : faire tremper dans un bain composé d'un volume d'eau de Javel pour quatorze volumes d'eau, puis au bout de quelques minutes, retirer le tissu et le faire tremper dans de l'eau additionnée de quelques gouttes d'ammoniaque.

⊕→ Sur du tissu de couleur : tamponner avec de l'eau oxygénée à dix volumes puis avec de l'eau additionnée de quelques gouttes d'ammoniaque.

θ→ Sur les meubles : imbiber un tampon de coton d'eau tiède additionnée de quelques gouttes d'ammoniaque.

Bijoux

• *Argent*

Faire appel au jus de citron, les rincer à l'eau chaude et faire briller avec une peau de chamois.

• *Or*

Une règle absolue : ne jamais utiliser d'alcool, sous quelque forme que ce soit.

θ→ Pour un nettoyage sérieux, mettre de l'eau savonneuse dans un petit récipient comportant un couvercle. Plonger les bijoux dans celui-ci, fermer et agiter plusieurs fois. Rincer ensuite abondamment et sécher avec un chiffon propre.

θ→ Pour leur donner rapidement de l'éclat, les frotter tout simplement avec de la mie de pain.

Bijoux fantaisie

• *Entretien*

Pas d'hésitation, l'eau savonneuse vous donnera toute satisfaction.

• *Protection*

Ils ne noirciront plus votre peau ou vos vêtements si, après les avoir nettoyés avec du jus de citron, vous badigeonnez avec du vernis incolore la partie qui déteint.

• *Pierres décollées*

Une goutte de vernis à ongles suffira à les maintenir en bonne place.

Biscottes

Elles ne se briseront plus lorsque vous voudrez les beurrer si vous savez être méthodique. Sortez-les du paquet par groupe de trois ou quatre en veillant surtout à les maintenir dans l'ordre où elles se trouvaient. Beurrez alors la biscotte qui se trouve sur le dessus du tas, puis une fois beurrée, mettez-la dessous. Continuez de même pour les suivantes, et elles ne s'émietteront plus.

Biscuits secs

• *Conservation*

🗝 Ne les laissez pas dans leur emballage d'origine une fois le paquet ouvert, car ils ramolliraient; mettez-les dans une boîte en fer et ils resteront croustillants.

🗝 S'il s'agit de biscuits secs vendus dans une boîte, vous pouvez les laisser dans celle-ci si vous y placez le bouchon « anti-humidité » qui ferme certains tubes de médicaments.

Blancs d'œuf

• *Séparation*

En cassant des œufs au-dessus d'un entonnoir, même vos enfants sauront séparer le blanc du jaune, puisque ce dernier restera dans l'entonnoir tandis que le blanc s'écoulera.

• *Taches*

A condition d'intervenir immédiatement, l'eau tiède sera parfaitement efficace.

Bocaux en verre

• *Nettoyage*

De nombreux bocaux de verre peuvent être récupérés et trouver place dans la cuisine. Pour qu'ils soient non seulement utiles mais agréables à regarder, il est indispensable de leur rendre le poli compromis par les traces de gomme des étiquettes. Pour y parvenir, enduire la surface collante de farine, de manière à lui donner de l'épaisseur, et gratter au couteau. Fignoler l'opération s'il le faut avec de l'alcool à brûler.

Bois blanc

• *Nettoyage*

Il faut éviter de le laver à grande eau, mais il est tout à fait recommandé de passer chaque jour sur toute sa surface un chiffon imbibé d'eau chaude et d'eau de Javel. Après quelques jours de ce traitement, le bois étant parfaitement blanc, se contenter de procéder de même une fois par mois. Cette méthode a pour autre avantage d'empêcher les tiroirs et les portes de jouer.

• *Teinture*

Il est primordial, pour réussir parfaitement à teindre le bois blanc, de le laver entièrement à l'eau très chaude sans en oublier la tranche. Il est d'ailleurs recommandé de mouiller de nouveau celle-ci avant d'appliquer la teinture, afin qu'elle n'en absorbe pas trop et que sa teinte soit la même que celle de l'ensemble.

Tout le monde connaît le brou de noix, mais peu d'utilisateurs savent qu'il est souhaitable d'ajouter vingt grammes de cristaux de soude par litre d'eau avant de l'appliquer.

Il est tout à fait possible de faire aussi appel à la chicorée, si l'on veut obtenir une teinte plus claire. Il suffit de faire bouillir dix cuillerées à soupe de chicorée dans un litre d'eau, et ceci pendant dix minutes. Une fois filtré, étaler ce mélange en utilisant une éponge plutôt qu'un pinceau.

Bois clair

• *Protection*

Il est très agréable de pouvoir utiliser une table en bois clair sans être obligé de la recouvrir d'une toile cirée. Pour ce faire, deux possibilités : celle du vernis, bien entendu, mais qui donnera à cette table un aspect brillant, et celle de l'huile de lin qui, mélangée à de l'essence de térébenthine, protégera la table tout en lui conservant une apparence mate.

Bois doré

• *Entretien*

Pour détacher du bois doré, il faut faire appel à une recette d'antiquaire : battre deux blancs d'œuf en neige molle et en badigeonner le bois doré avec un pinceau souple. Après avoir laissé sécher, frotter délicatement avec un chiffon doux.

Bois verni

• *Entretien*

Un bois verni qui perd de son éclat devient triste mais deux solutions existent pour lui redonner son brillant :

⊕ La première fait appel à un mélange d'alcool à brûler et d'huile de lin en parties égales, que l'on passe sur le bois à traiter avec un chiffon de laine ;

⊕ Pour la seconde, verser la même quantité d'essence de térébenthine que d'huile d'olive et bien mélanger le tout. En imbiber un tampon de laine douce et frotter avec précaution.

Boisson chaude

Avant de verser une boisson chaude dans un récipient en verre, deux précautions s'imposent (au choix) :

⊕ Placer une petite cuillère dans le verre avant d'y verser le liquide chaud ;

⊕ Placer le récipient sur un linge humide et verser ensuite sans crainte.

Boisson gazeuse

• *Conservation*

Vous n'hésiterez plus à acheter de grandes bouteilles de boissons gazeuses (telle que la limonade, par exemple), de crainte qu'une fois la bouteille entamée, le gaz ne s'échappe, faisant disparaître du même coup le petit goût pétillant qui pique agréablement le nez, quand vous connaîtrez ce truc : remettre le bouchon d'origine, coller autour de celui-ci et du goulot du ruban adhésif et placer la bouteille ainsi fermée dans le réfrigérateur, tête en bas.

Boîte en fer

• *Odeur*

L'astuce pour désodoriser une boîte en fer demande de la prudence car la seule solution consiste à verser dans la boîte quelques gouttes d'alcool à brûler, de l'enflammer et de fermer la boîte immédiatement. Le plus facile est de placer la boîte dans l'évier pour procéder à cette opération. Une fois refroidie, laver la boîte bien entendu.

Boîtes en plastique

• *Nettoyage*

Leur présence dans la cuisine rend de multiples services, mais leur nettoyage ne peut pas se faire simplement à l'eau savonneuse. Pour dégraisser efficacement une boîte en plastique, l'essuyer avec un papier absorbant, continuer avec un torchon sec, saupoudrer de talc et essuyer de nouveau avant de la laver à l'eau savonneuse. Elle sera parfaitement dégraissée.

Bottes en caoutchouc

• *Élasticité*

Elles conserveront plus longtemps leur élasticité si vous les frottez régulièrement avec un tampon imbibé de lait tiède.

• *Entretien*

Pour le lavage, tout simplement de l'eau savonneuse, mais pour leur conserver leur souplesse, deux possibilités :

- Soit un blanc d'œuf battu en neige ;
- Soit un peu de glycérine diluée dans de l'eau.

Bottes en cuir

• *Rangement*

Si vous n'avez pas d'embauchoirs conçus spécialement pour que les tiges des bottes ne prennent pas de mauvais plis, deux solutions de remplacement :

⊕ Enrouler sur elle-même une revue au papier suffisamment épais et la glisser dans la tige ; elle s'adaptera immédiatement au diamètre de la botte ;

⊕ Glisser à l'intérieur d'un vieux bas une bouteille d'un diamètre correspondant à celui de la botte.

• *Sans fermeture à glissière*

Vous ne vous battrez plus avec vos bottes aussi bien pour les mettre que pour les retirer si vous collez à l'intérieur, sur toute la longueur de la tige en partant du talon, un ruban de satin qui permettra à votre pied de glisser sans difficulté.

• *Récupération*

Ce sont généralement les semelles ou les pieds des bottes qui s'usent en premier tandis que les tiges restent intactes. Ces tiges de peau souple se laisseront découper aisément et pourront vous fournir des renforts pour les genoux et les coudes des vêtements de vos enfants.

Bouchon

• *Bloqué*

Rien de plus énervant qu'un bouchon bloqué dans le goulot d'une bouteille. Voici deux trucs vous permettant d'en venir à bout.

⊕ Enrouler une ficelle bien serrée deux ou trois fois autour du goulot et la tirer en un mouvement de va-et-vient jusqu'à ce que le goulot, échauffé par cette friction, se dilate. Vous pourrez alors enlever le bouchon.

⊕ Si cette première astuce ne suffisait pas, préparer le mélange suivant : 15 gouttes de glycérine, 40 gouttes de chloral, 3 gouttes d'acide chlorhydrique et enfin 2 gouttes d'eau. Faire couler ce mélange entre le bouchon et le goulot, laisser agir une journée, chauffer un peu le goulot et le bouchon partira facilement.

• *Dans la bouteille*

La seule solution efficace consiste à introduire à l'intérieur de la bouteille une ficelle à l'extrémité de laquelle on a fait un nœud, ou encore un fil de laiton se terminant par une boucle. Amener le bouchon en position de sortie à l'entrée du goulot (il suffit de retourner la bouteille) en ayant pris bien sûr la précaution de placer le nœud de la ficelle ou la boucle du fil de laiton derrière le bouchon. Tirer alors sans à-coups pour extraire le bouchon.

Boue

• *Taches*

Ne jamais brosser le vêtement immédiatement, puisqu'il suffit généralement de laisser sécher la boue pour qu'elle disparaisse ensuite avec un simple brossage. Cependant, si une trace subsistait, la brosser avec un mélange d'eau et de vinaigre en quantités égales.

Bougie

• *Mèche*

Si vous faites vous-même des bougies, ne craignez plus que la mèche, par sa souplesse, vous gêne dans votre entreprise. En effet, pour qu'elle soit bien droite, il suffit de la faire tremper dans une solution d'amidon concentré et de la faire sécher en veillant à ce qu'elle se maintienne bien verticale.

• *Durée prolongée*

Deux astuces pour y parvenir :

→ Mettre quelques grains de gros sel au pied de la flamme ;

→ Elle se consumera également plus lentement et plus régulièrement si vous l'entreposez dans votre congélateur pendant plusieurs heures avant de l'utiliser. Cette méthode a de plus l'avantage de limiter l'importance des coulures.

• *Coulures*

Vous les éviterez en adoptant l'une ou l'autre de ces solutions :

θ› Les frotter avec du savon humide ;

θ› Les laisser tremper pendant toute une nuit dans de l'eau fortement salée.

• *Restes*

Ne jetez plus vos restes de bougies puisqu'en les incorporant à de l'encaustique, elles donneront à vos meubles cirés un brillant plus intense.

• *Trop grosse*

Si elle refuse de s'adapter à votre bougeoir, ne forcez pas, sinon vous risquez de la casser. Trempez-en plutôt l'extrémité dans de l'eau très chaude et, sans tarder, fixez-la dans le bougeoir. Vous la ferez alors tenir sans peine.

• *Entretien*

Les bougies, outre leur rôle utilitaire, jouent de plus en plus un rôle décoratif, d'où la nécessité de les entretenir, au même titre que les bibelots.

θ› Pour les bougies blanches, un simple nettoyage avec de l'alcool à brûler les empêchera de jaunir.

θ› Quant aux bougies de couleur, un brossage à l'eau savonneuse doit suffire, sinon les frotter avec un tampon ou une petite brosse imbibés d'alcool à brûler.

• *Traces*

Des traces de bougie sur du verre ou des miroirs ne résisteront pas à un peu d'eau chaude savonneuse additionnée de quelques gouttes d'ammoniaque. Surtout, veillez à ce qu'aucune humidité ne pénètre entre la glace et le cadre s'il s'agit d'un miroir.

• *Taches*

θ› Sur meuble ciré : gratter tout d'abord avec un morceau de carton souple afin d'enlever l'essentiel de la bougie. Frotter ensuite avec un peu d'eau chaude puis terminer en imbibant un tampon d'un mélange d'essence de térébenthine et d'huile de lin en quantités égales. Laisser sécher avant d'encaustiquer.

Sur meuble vernis : même principe que précédemment avec un carton, puis frotter avec un chiffon imprégné de pétrole.

Sur une nappe : là encore, enlever l'essentiel de la tache, laver la nappe et, lorsque vous la repasserez, placer l'endroit de la tache en sandwich entre deux papiers buvards.

Bouilloire

• *Entartrée*

Si le tartre n'est pas trop important, il suffit de faire bouillir de l'eau vinaigrée pendant un petit quart d'heure.

A signaler que si vous pensez à placer une coquille d'huître à l'intérieur de votre bouilloire, le tartre se fixera sur la coquille, évitant ainsi à cette bouilloire d'en être la victime.

Bouillon

• *Aigre*

Une recette de grand-mère pour rattraper un bouillon « tournant à l'aigre » : jeter dedans un charbon de bois incandescent qu'on enlèvera au bout de quelques minutes.

Bouillotte

• *Entretien*

Si les parois ont tendance à rester collées l'une contre l'autre, l'immerger (sans la boucher) dans de l'eau chaude additionnée d'ammoniaque. La laisser dans ce bain pendant une journée ; elle en ressortira en ayant retrouvé sa souplesse.

• *Rangement*

Pendant la belle saison, ne vous contentez pas de ranger votre bouillotte sans autre formalité. Versez dedans un peu de talc, fermez la bouillotte et secouez-la pour qu'il se répartisse à l'intérieur. Lorsque le froid reviendra, votre bouillotte sera en parfait état de fonctionnement.

• *Bon usage*

θ→ Elle diffusera une chaleur plus intense et surtout durable si vous salez l'eau dont elle est remplie.

θ→ Il en est des bouillottes comme des théières, il faut les ébouillanter avant de les remplir. Mais dans le cas des bouillottes, cela ne suffit pas, puisqu'il est primordial de veiller à faire sortir l'air avant de les fermer. Du même fait, cela vous mettra à l'abri de tout risque d'ouverture imprévu.

Bouquet

Lorsqu'il commence à se flétrir, une astuce vous permettra d'en profiter encore un petit peu en procédant ainsi : tremper les queues des fleurs dans de l'eau bouillante et, lorsqu'elles auront retrouvé un peu de leur fraîcheur, couper la partie de la tige qui vient d'être immergée dans l'eau chaude. Vous pourrez alors reconstituer votre bouquet et le placer dans de l'eau fraîche comme auparavant.

Bouteilles

• *Nettoyage*

La seule solution pour rendre sa netteté à une bouteille vraiment très sale consiste à y verser de l'eau chaude, puis de la farine de moutarde. Si le mal est moins grave, de l'eau chaude et de la sciure suffiront.

• *Rinçage*

Rien n'est plus long et fastidieux que de rincer des bouteilles vides, tellement le temps qu'elles mettent à se vider semble long. Pourtant, si vous prenez l'habitude, qui deviendra vite un réflexe, de donner un mouvement circulaire à la bouteille, il se formera alors un tourbillon par lequel l'air, en entrant dans la bouteille, permettra à l'eau de se vider deux fois plus vite.

Bouteilles plastique

• *A jeter*

Elles prennent beaucoup de place dans la poubelle, et bouchent les vide-ordures. Il existe pourtant trois solutions très simples pour en réduire le volume :

⊕ Un peu d'eau bouillante versée dans la bouteille vous permettra de la plier instantanément et ceci avec autant de facilité que s'il s'agissait de papier ;

⊕ Profitez du moment où votre cocotte-minute est en service pour enfiler le goulot de la bouteille de plastique sur la soupape. Si vous appuyez légèrement, la vapeur, en pénétrant à l'intérieur de la bouteille, ramollira celle-ci et vous permettra donc de réduire son volume ;

⊕ La méthode forte donne également de très bons résultats, puisqu'en aplatissant simplement la bouteille à la main, et en remettant le bouchon en place avant qu'elle ne reprenne sa forme initiale, l'air sera chassé et votre problème réglé.

Bouton

• *Tissu épais*

⊕ Il est indispensable de laisser un pied lorsqu'on coud des boutons sur des tissus épais, à moins que vous n'utilisiez, au lieu du fil traditionnel, du fil élastique, ce qui dans certains cas est une très bonne solution.

⊕ Pour réussir sans difficulté à laisser un pied en cousant un bouton sur un tissu épais, mettre une allumette entre le vêtement et le bouton, coudre celui-ci, enlever alors l'allumette et enrouler le fil très serré autour de la tige.

• *Sur cuir ou fourrure*

Pour qu'il ne s'arrache plus à l'usage, en risquant en plus d'endommager votre vêtement, prenez la précaution suivante : cousez derrière chaque bouton (à l'intérieur du vêtement) en même temps que celui-ci, une rondelle de cuir.

• *Sécurité*

C'est bien connu, il est indispensable de recoudre tous les boutons d'un vêtement neuf que l'on vient d'acheter. Si vous voulez être assuré contre le risque d'en perdre un, posez une touche de vernis à ongles incolore au centre de chaque bouton (à l'endroit comme à l'envers). En fixant les fils, le vernis maintiendra le bouton.

• *A découdre*

Votre tâche sera plus aisée et vous ne risquerez plus d'endommager le tissu si vous glissez une fourchette sous le bouton avant d'en couper le pied.

Braises

Si vous n'avez pas de soufflet, ne vous époumonnez pas, voici trois astuces très efficaces pour raviver vos braises :

- Servez-vous de votre gonfleur à matelas pneumatique ;
- Ou encore utilisez tout simplement un sèche-cheveux soufflant. Si vous le branchez sur « chaud », vous obtiendrez des braises incandescentes dans un délai record.
- Sachez également qu'une poignée de gros sel jetée sur des braises encore vivaces permet au feu de reprendre vigueur très rapidement.

Brioche

Pour rendre sa fraîcheur à une brioche de la veille, l'envelopper dans du papier de soie mouillé et la mettre à four tiède pendant quelques instants.

Briques

Vous ne risquerez plus de les voir se briser en essayant de les couper si vous retenez ce tour de main : remplissez-les de sable et posez-les également sur une couche de sable. Vous constaterez alors que, si vous procédez par petits coups, avec un ciseau à froid bien aiguisé, la brique se laissera couper sans problème.

Broche

Rien n'est plus désolant que de constater la perte d'une broche à laquelle on tenait. Pour éviter pareille mésaventure, prenez la précaution de placer sur l'envers du tissu un petit morceau de caoutchouc dans lequel vous piquerez la broche à travers le tissu. Ainsi, si l'épingle retenant la broche s'ouvre inopinément, la présence de ce caoutchouc l'empêchera de glisser.

Broderies

- *Entretien*

Pour empêcher des broderies ou galons de couleur de se ternir avec le temps, les tremper avant de les laver dans une solution de sel.

- *D'argent*

Si vous voulez les nettoyer efficacement, il vous faudra préparer un mélange d'eau et de fiel de bœuf en parties égales. Avec un tampon imbibé de ce liquide, vous frotterez broderies et galons et, sans rincer, vous sécherez tout simplement avec un chiffon doux.

- *D'or*

A tout seigneur tout honneur, l'entretien des broderies d'or demande un peu d'effort: chauffer de la mie de pain rassis dans un récipient en terre et en frotter ensuite délicatement les broderies à rénover. Pour supprimer les miettes qui pourraient rester collées à la broderie, il vous suffira de battre l'étoffe à l'envers.

- *Repassage*

Une broderie repassée sans ménagement perdrait tout le relief qui en fait le charme. Afin d'éviter que cela ne se produise, veillez à poser l'endroit de la broderie sur une serviette éponge humide, ce qui vous obligera donc à la repasser à l'envers.

Bronzage

• *Mise en condition*

Pour faciliter votre bronzage, buvez du jus de carottes, et avalez une cuillerée à soupe d'huile d'olive après chaque exposition au soleil.

• *Précaution*

Pensez dès votre premier bain de soleil à mettre votre maillot de bain le plus échancré, et en tous les cas faites attention aux marques de bretelles qui s'impriment sur la peau d'une manière indélébile.

• *Rapide*

Vous bronzerez plus vite et mieux en bougeant plutôt qu'en restant immobile.

• *Coups de soleil*

Mieux vaut prendre plusieurs bains de soleil de quelques minutes qu'un bain de soleil prolongé. C'est une des conditions essentielles pour éviter les coups de soleil.

Bronze

• *Nettoyage*

θ→ S'il est sale : mélangez un tiers d'eau, un tiers de vinaigre d'alcool et un tiers d'ammoniaque. Frottez le bronze avec cette solution, rincez, essuyez et lustrez.

θ→ Une pâte obtenue en mélangeant du blanc d'Espagne à de l'ammoniaque et allongée d'eau pour obtenir la consistance souhaitée fera également parfaitement l'affaire. Pour plus d'efficacité, appliquez-la avec une vieille brosse à dents.

θ→ S'il est très encrassé : trempez une brosse dans du pétrole et passez-la sur l'objet à nettoyer. Rincez soigneusement à l'eau savonneuse avant de sécher et de polir.

• *Terni*

θ→ Si le mal n'est pas trop grave, un simple jus de citron étalé avec une vieille brosse devrait suffire.

θ→ Si vous souhaitez lui redonner du brillant, sans que celui-ci soit trop intense, diluez quelques gouttes d'ammoniaque dans un peu d'eau tiède, et nettoyez avec le mélange obtenu.

θ→ Pour lui donner un vrai coup de jeunesse, après l'avoir dépoussiéré avec une brosse douce, lavez-le avec un mélange d'eau tiède et d'alcool à brûler (1/5 d'alcool pour 4/5 d'eau). Après un rinçage et un coup de peau de chamois, vous ne le reconnaîtrez plus.

• *Vert-de-gris*

Rien ne vaut un peu de sel que l'on fait fondre avec du vinaigre d'alcool. Si vous utilisez une brosse bien dure imprégnée de ce mélange, il ne restera plus de trace de vert-de-gris. Veillez à rincer après cette opération.

• *A ne pas oublier*

θ→ Défaire les pièces qui constituent un chandelier (par exemple) et vérifier que les parties cachées ne sont pas attaquées par le vert-de-gris ;

θ→ Démonter les bronzes d'ameublement afin de ne pas détériorer le bois ;

θ→ Protéger par une couche de cire aux silicones tous les bronzes afin de les mettre à l'abri de l'oxydation.

Bronze doré

• *Nettoyage*

Les bronzes anciens, généralement dorés, doivent être traités avec ménagements. Il est très déconseillé de faire appel aux pâtes à polir, qui sont abrasives et risquent d'éliminer la dorure. Bannissez également tout produit acide.

θ→ En conséquence, pour un nettoyage d'entretien, quelques gouttes d'ammoniaque dans de l'eau savonneuse tiède suffisent, surtout si vous insistez bien dans les motifs en creux. Après un rinçage à l'eau pure, laissez sécher et lustrez avec une peau de chamois.

θ→ S'il est très sale, pas d'hésitation, un bain de vin blanc bouillant lui fera le plus grand bien.

Brossage

Pour éliminer les poils d'animaux ou les fils des tapis, couvertures ou vêtements, servez-vous d'une éponge synthétique humide plutôt que d'une brosse. Le résultat sera bien meilleur.

Brosses

- *Rénovation*

Si l'usage les a rendues trop souples, sachez qu'un bain dans une eau vinaigrée leur rendra leur fermeté première.

Brosse à chaussures

- *Nettoyage*

C'est toujours une corvée, surtout si l'on se contente de la faire tremper dans une bassine d'eau savonneuse, car après la brosse, c'est la bassine qu'il faut nettoyer. En conséquence, immergez plutôt cette brosse dans un sac en plastique solide rempli d'eau savonneuse, ainsi vous n'aurez qu'à jeter celui-ci en fin d'opération.

Brosse à cheveux

- *Nettoyage*

Un bain dans de l'eau ammoniaquée suffira à lui rendre toute sa propreté.

- *Rénovation*

Dans ce cas également, un bain d'eau vinaigrée ou d'eau additionnée d'un peu d'alun la raffermira.

Brosse à dents

- *Assouplissement*

Un bain de vingt-quatre heures dans de l'eau salée lui rendra sa souplesse.

Brosse à habits

• *Nettoyage*

Humecter un peu de son avec un filet d'eau. En imprégner les brosses et les frotter l'une contre l'autre. Rincer abondamment pour éliminer toute trace de son et laisser sécher.

Brosse à ongles

• *Nettoyage*

Un bain prolongé dans un mélange eau froide-vinaigre d'alcool en parties égales redonnera aux poils toute leur dureté.

Brûleurs de cuisinière

• *Nettoyage*

Un entretien régulier avec du vinaigre de vin les protégera d'un encrassement inévitable. Si ce conseil arrive trop tard, un bain prolongé, toujours dans du vinaigre de vin, leur permettra de retrouver leur propreté.

Brûlures

Pour des brûlures légères, trois solutions pour les calmer rapidement :

- La première : un bain dans du vinaigre ;
- La deuxième : saupoudrer d'un peu de bicarbonate de soude ;
- La troisième : une compresse de lait bouilli.

Bruyère

Votre bouquet de bruyère aura longue vie si vous piquez chaque brin dans une grosse pomme de terre que vous dissimulerez ensuite dans le fond du vase.

Bûches

Prenez l'habitude, afin d'économiser du bois, de mélanger de fausses bûches aux vraies. Pour ce faire, roulez serrés vos vieux journaux en les bouchonnant et en les humidifiant légèrement avant de les placer dans le foyer.

Buée

Plus de buée sur la glace de la salle de bains, sur vos lunettes, vos miroirs ou votre pare-brise si vous retenez l'une de ces astuces :

- Frotter avec un morceau de savon sec ;
- Ou avec de l'alcool à 90° ;
- Ou bien encore avec un tampon ou une éponge imbibés de quelques gouttes de shampooing.

C

PETIT DICTIONNAIRE DES TRUCS

Cadre

- *Fixation*

Pour qu'un cadre ne glisse plus le long du mur sur lequel il est fixé, coller derrière, dans chaque coin inférieur, deux petites pattes de papier de verre. De plus, ce léger décalage par rapport au mur empêchera la poussière de s'accumuler.

Cadre doré

- *Entretien*

Des cadres dorés ternis retrouveront leur éclat si vous les frottez délicatement avec un tampon imbibé de vinaigre de vin.

- *Protection*

Pour éviter que les mouches ne viennent souiller vos cadres dorés, servez-vous de leur répulsion pour les oignons. En conséquence, après avoir fait macérer des oignons épluchés et coupés dans de l'eau chaude, badigeonnez les cadres avec la solution obtenue.

- *Souillures*

Si le conseil précédent arrive trop tard, tout n'est pas perdu. Battez en neige un blanc d'œuf et délayez-le avec une cuillerée à café d'eau de Javel. Nettoyez les souillures avec la mixture obtenue et rincez avec un peu d'eau. Essuyez ensuite et protégez-les grâce à l'astuce précédente.

Café

• *En poudre*

Peut-être seriez-vous curieux de savoir si la poudre de café que vous utilisez est pure ; faites alors le test suivant : après avoir rempli un verre d'eau aux deux tiers, déposez à la surface de celle-ci une pincée de poudre. Si elle reste à la surface, soyez assuré de sa pureté. Si au bout de cinq minutes, elle descend au fond du verre en se mélangeant à l'eau, tirez-en vos conclusions.

• *Arôme*

θ→ Une petite pincée de sel et une de sucre ajoutées dans la poudre de café moulu, juste avant de le passer, développeront son arôme.

θ→ Il sera bien meilleur si, avant de verser l'eau bouillante sur la poudre, vous humectez tout d'abord celle-ci avec un peu d'eau sur le point de bouillir.

• *Rattrapage*

θ→ Une boîte de café entamée perd de son arôme à moins qu'avant de moudre les grains vous ne les passiez à la poêle sur feu doux ; le café perdra ainsi son humidité et retrouvera sa fraîcheur.

θ→ Certes, un café bouilli n'est plus vraiment un café ; cependant, pour le boire malgré tout sans trop de déplaisir, verser dessus juste avant de le servir quelques gouttes d'eau froide.

• *Reste*

Ne jetez plus un reste de café, versez-le plutôt dans un bac à glaçons et remettez celui-ci dans votre réfrigérateur. Les glaçons au café que vous obtiendrez vous permettront d'aromatiser très agréablement du lait froid ou chaud.

• *Marc*

Plutôt que de vous débarrasser de votre marc de café en le versant dans le vide-ordures ou la poubelle, jetez-le dans l'évier et faites couler de l'eau en abondance. Il désodorisera et dégraissera les canalisations.

• *Taches*

Si vous le pouvez, saupoudrez tout de suite un peu de sel sur la tache qui vient d'être faite.

⊕ Sur du coton blanc : si l'eau savonneuse se révèle inefficace, tamponnez avec un peu d'eau oxygénée ou encore faites appel à l'eau de Javel ;

⊕ Sur du tissu de couleur :

– après avoir délayé du jaune d'œuf dans un peu d'eau tiède, étalez ce mélange sur la tache puis rincez à l'eau tiède ;
– autre possibilité : un peu de glycérine sur la tache et un rinçage à l'eau tiède .
– Sur du tissu fragile : c'est en mélangeant un peu de glycérine, de jaune d'œuf et de l'eau tiède que vous viendrez à bout d'une tache de café sur un tissu fragile .

⊕ Sur un tapis : après avoir tamponné la tache pour absorber le plus de café possible, frottez avec un mélange en quantités égales d'alcool et de vinaigre blanc ;

⊕ Sur du bois ciré : passez un chiffon imbibé d'eau oxygénée à douze volumes avant d'encaustiquer l'endroit taché.

Cafetière

Si vous ne l'utilisez qu'à certaines occasions, elle prend une odeur de renfermé à moins que vous ne placiez à l'intérieur un morceau de sucre.

Calcaire

Les traînées jaunes laissées par le calcaire sur les appareils sanitaires disparaîtront si, après les avoir saupoudrées de gros sel, vous les arrosez de vinaigre d'alcool chaud.

Cambouis

• *Tache*

ϑ→ Sur du carrelage : enlevez-en le maximum puis ramollissez ce qui reste avec un corps gras. Utilisez le solvant de votre choix pour éliminer le tout et lavez à l'eau chaude savonneuse .

ϑ→ Sur du cuir : enduire de vaseline, laisser agir et retirer le tout.

Camée

La meilleure solution pour le nettoyer consiste à imbiber d'alcool à brûler un peu de coton et à procéder avec délicatesse.

Camembert

Prendre l'habitude de ranger la boîte en la posant sur la tranche et non pas à plat. D'elle-même, la boîte se positionnera de manière à ce que la partie entamée se trouve en haut.

Canevas

• *Nettoyage*

Ne laissez pas la poussière l'envahir et ternir ses couleurs, puisque vous pourrez parfaitement le nettoyer avec une brosse douce imprégnée d'une solution d'ammoniaque (1/3 d'ammoniaque pour 2/3 d'eau).

Cannage

• *Affaissé*

On peut très facilement redresser un cannage affaissé par l'usage en respectant les conditions suivantes : l'imprégner abondamment d'eau bouillante (sur l'envers) et – condition essentielle – le mettre à sécher au contact d'une chaleur intense (plein soleil, radiateur...). C'est à cette condition qu'il se retendra.

Capucines

Lorsque aux jolies fleurs de capucines succèdent les semences, ne négligez pas ces dernières. Cueillez-les, faites-les dégorger dans du sel, puis égouttez-les et mettez-les dans un bocal. Versez dessus un vinaigre bouillant et aromatisé selon votre goût. Lorsque le tout sera refroidi, ces semences de capucines ainsi traitées pourront parfaitement remplacer des câpres.

Caramel

• *Proportions*

Vous ne le raterez plus si vous n'oubliez pas cette règle d'or : cinq sucres pour une cuillerée à café d'eau.

• *Liquide*

Si vous ne connaissez pas le truc suivant, ne vous étonnez pas de voir votre caramel se solidifier au contact du moule à pâtisserie dans lequel vous le versez. Pour éviter cet inconvénient, ajoutez-lui dès qu'il commence à brunir un filet de jus de citron ou quelques gouttes de vinaigre.

Carbone

• *Papier*

Vous prolongerez sa durée d'utilisation en plaçant la feuille usagée pendant quelques minutes sur une source de chaleur douce (un radiateur de chauffage central fera très bien l'affaire).

Carottes

• *Assaisonnement*

Bannissez l'usage du vinaigre si vous aimez les carottes râpées ; en effet, elles ne seront jamais aussi bonnes que si vous les assaisonnez avec un jus de citron.

• *Conservation*

Il est tout à fait possible de les conserver très longtemps en les plaçant entre deux couches de sable.

• *Nouvelles*

Gratter des carottes nouvelles est tout à fait superflu, d'autant qu'après ce travail, vous aurez forcément les doigts tout jaunes. Il est beaucoup plus simple, après les avoir mises dans un torchon, de les recouvrir de gros sel et de frotter le tout. Il vous suffira alors de les passer sous l'eau courante puisque la pellicule de peau indésirable sera éliminée.

• *Cuisson*

Prendre l'habitude d'ajouter une pincée de sucre en poudre à leur eau de cuisson. Elles seront plus savoureuses.

Carrelage

• *Entretien*

Pour qu'il soit d'un entretien facile, vous devrez lui consacrer un peu de temps et de travail, mais vous ne le regretterez pas par la suite. Voici comment procéder : lavez-le avec de l'eau chaude additionnée d'un peu de détergent et d'un peu d'ammoniaque. Laissez bien sécher. A l'aide d'un grand pinceau imprégné d'huile de lin, passez deux couches en veillant à ce que la première soit parfaitement sèche avant d'entreprendre la seconde.

Carrosserie

Pour qu'elle brille de tous ses feux, voici une mixture miracle à faire vous-même. Mélangez un dixième d'alcool à brûler et 9/10 d'huile de vaseline. Lorsque vous aurez passé le produit obtenu sur la carrosserie de votre voiture, lavez-la, séchez-la et polissez avec un chiffon doux.

Cartes à jouer

θ› S'il s'agit d'un simple entretien de routine, un peu de talc doit suffire.

➾ Pour retirer les traces de doigts, frottez-les délicatement avec un tampon imprégné de lait froid. Essuyez et faites briller.

➾ La mie de pain peut, si vous avez de la patience, vous rendre le même service.

Casseroles

• *Noircies*

Même lavé soigneusement, l'intérieur des casseroles en aluminium reste souvent noirci par les cuissons successives. Faites-y bouillir des zestes de citron et il n'y paraîtra plus.

• *Brûlées*

Si une préparation a accroché au fond de votre casserole, selon que le mal est plus ou moins grave, voici comment le « rattraper » :

➾ Du sel que l'on laisse reposer une ou deux heures dans le fond de la casserole permet de la laver sans problème lorsque ce n'est pas trop grave ;

➾ Si l'on fait bouillir dans de l'eau de la cendre de bois, on obtient également de très bons résultats ;

➾ En cas de réelle difficulté, faire bouillir dans la casserole un peu d'eau additionnée d'eau de Javel. Attention, maintenir la fenêtre ouverte pendant que l'on procède à cette opération.

Céleri en branches

• *Présentation*

Une astuce particulièrement efficace pour lui faire une « mise en plis » qui le rendra très décoratif : après avoir gratté et brossé les branches, coupez de très fines bandes à l'extrémité de celles-ci. Plongez alors le céleri ainsi préparé dans un bain d'eau glacée et laissez-le séjourner pendant au moins une heure. Il en ressortira bouclé.

Céleri-rave

• *Préparation*

Il ne noircira pas, sitôt râpé, si vous l'arrosez d'un jus de citron.

• *Onctuosité*

Avant de l'assaisonner avec une sauce rémoulade, passez-le à l'eau bouillante.

Cendres

• *Tache*

Un cendrier de porcelaine taché par de la cendre sera nettoyé avec un bouchon trempé dans du sel fin.

Champagne

Peut-être avez-vous déjà aperçu chez des amis une bouteille de champagne entamée avec la queue d'une petite cuillère à café placée dans le goulot. Si vous vous êtes demandé pourquoi, sachez que la présence de cette petite cuillère permet de déguster un lendemain de fête un champagne aussi pétillant que la veille.

Champignons

• *Épluchage*

S'ils sont de petite taille, évitez la corvée d'épluchage et contentez-vous, après avoir coupé le bas du pied, de les laver dans de l'eau vinaigrée, puis de les essuyer.

• *Cuisson*

Pour qu'ils ne rendent pas d'eau en cuisant, faites-les sécher en les passant à four tiède pendant quelques minutes.

• *Précautions*

Ne jamais les laisser trop longtemps dans de l'eau, ils en ressortiraient spongieux.

⊕ Attention, ils noircissent rapidement au contact du métal.

Chapelure

En écrasant des biscottes ou du pain grillé, on obtient très facilement de la chapelure.

Charbon

Vous en utiliserez moins, tout en lui gardant le même pouvoir calorifique, si vous l'arrosez légèrement d'eau salée.

Charlotte

- *Aux fruits*

Réussite assurée si vous la mettez à cuire dans votre four après avoir posé un couvercle sur le moule contenant votre préparation.

Chat

- *Collier*

S'il porte un collier, s'il vit à la campagne et s'il adore les oiseaux, neutralisez-le en attachant à son collier une petite clochette ou un grelot. De plus, vous saurez où il en est de ses vagabondages.

- *Pelage*

Un peu de beurre cru dans la pâtée de votre chat aura le meilleur effet sur son pelage.

- *Propreté*

Les chats adorent l'odeur de l'eau de Javel, d'où la conclusion : n'hésitez pas à nettoyer l'endroit que vous lui réservez avec ce produit. Ainsi, il fera ses besoins là où vous l'avez décidé.

Châtaignes

- *Épluchage*

Entreposez-les pendant une nuit dans votre réfrigérateur, puis plongez-les dans l'eau bouillante sitôt sorties de celui-ci. Arrosez-les d'eau froide et vous pourrez alors les éplucher sans difficulté.

Chaudron

- *Rouille*

Pour maintenir un chaudron à l'abri de la rouille, frottez-le avec un chiffon imprégné d'huile d'olive.

Chaussettes

Lorsque nos grand-mères tricotaient des chaussettes à la main, elles avaient fréquemment recours à une astuce leur permettant d'éviter la corvée de reprisage. Au moment de tricoter les talons ou les bouts de pieds, elles tricotaient en même temps que la laine du coton à repriser de la même couleur que celle-ci.

Chaussettes blanches

- *Entretien*

Au bout d'un certain temps, elles jaunissent, mais vous pourrez leur rendre leur blancheur en les faisant bouillir dans de l'eau additionnée de citron.

Chaussures

- *De bébé*

Tous les bébés adorent porter leurs chaussures à leur bouche et se délectent avec plaisir ; prenez donc l'habitude de nettoyer ces petites chaussures avec du lait démaquillant à la lanoline.

• *Enfants*

Pour que vos jeunes enfants ne se trompent plus au moment de mettre tout seuls leurs chaussures ou leurs pantoufles, demandez-leur de se livrer avec vous à un tout petit travail qui les amusera : faites-leur coller à l'intérieur de leurs chaussures une petite pastille de couleur (sur le côté droit de la chaussure pour le pied gauche et sur le côté gauche pour le pied droit). Expliquez-leur alors que si les deux marques se trouvent côte à côte, ils n'auront plus aucun risque de se tromper de pied.

• *Neuves*

θ→ Si vous n'arrivez pas à les supporter, essayez de vous procurer des embauchoirs d'une pointure supérieure à la vôtre. Si le mal n'est pas trop grave, cela devrait suffire.

θ→ Si la solution de l'embauchoir ne suffit pas, placez vos chaussures au-dessus d'un récipient contenant de l'eau en ébullition. Lorsque le cuir est bien assoupli, chaussez-les.

• *Trop étroites*

θ→ La première solution fait également appel à des embauchoirs que vous recouvrirez d'un linge mouillé et bien essoré.

θ→ Si l'astuce précédente se révèle insuffisante, mouillez des bouchons de papier journal, essorez-les et bourrez-en vos chaussures. Recommencez autant de fois que nécessaire.

• *Qui déteignent*

Si pareille mésaventure vous arrive, passez un peu de vernis incolore à l'intérieur de vos chaussures et ne les mettez que lorsqu'il est parfaitement sec.

• *Glissantes*

Trois possibilités pour ne plus risquer de glissades intempestives :

θ→ Frotter les semelles avec une demi-pomme de terre crue ;

θ→ Ou avec du papier de verre ;

θ→ Ou encore coller sur les semelles des rustines destinées aux chambres à air.

• *Qui grincent*

Pour qu'on ne vous entende plus venir de loin, et que vous ne soyez plus exaspéré vous-même par les grincements que provoque chacun de vos pas, une astuce : versez un peu d'huile de lin dans un récipient assez grand pour pouvoir contenir les semelles de vos chaussures. En effet, vous devrez laisser les semelles (et seulement les semelles) immergées dans cette huile de lin pendant quelques heures. Au sortir de ce bain, non seulement vos chaussures ne grinceront plus, mais leurs semelles seront imperméabilisées.

• *Souplesse*

Les frotter régulièrement avec un tampon imbibé d'essence de térébenthine, puis les polir avec un peu de glycérine. Laisser sécher le tout avant de faire briller.

• *Cuir durci*

Les enduire d'un peu de pétrole et surtout ne jamais les mettre à sécher près d'une source de chaleur.

• *Cuir mouillé*

Bourrer les chaussures avec des bouchons de papier journal et les faire sécher en les accrochant par les talons aux barreaux d'une chaise. Elles seront ainsi aérées parfaitement. Dès que le papier journal aura absorbé l'humidité, les enduire de vaseline et laisser sécher.

• *Taches d'eau*

Ce sont les taches les plus fréquentes, ne serait-ce qu'à cause de la pluie, et pour les éliminer, il faut les enduire de vaseline et les laisser s'en imprégner avant d'essuyer et de cirer.

Chaussures de daim

• *Entretien*

C'est l'un des inconvénients des chaussures de daim que de se lustrer au bout d'un certain temps. Les contreforts deviennent brillants assez rapidement, ne serait-ce qu'à cause du frottement des pantalons. Le remède est simple : les frotter délicatement avec un peu de papier de verre très fin.

Chaussures de sport

• *Entretien*

Jeunes et moins jeunes, tout le monde porte de plus en plus des chaussures de sport, même hors des stades. Deux solutions pour les entretenir parfaitement :

θ→ La première vise à les débarrasser du produit qui les blanchit mais qui au bout d'un certain temps les encrasse également. Pour l'éliminer, frottez-les avec une vieille brosse à dents imprégnée de benzine.

θ→ Pour éviter que des chaussures de sport en toile ne se salissent trop rapidement, les passer à la bombe d'amidon.

Chaussures vernies

• *Entretien*

Le lait et le jus de citron constituent les produits d'entretien idéaux pour les chaussures vernies.

Chaussures de cuir clair

• *Taches*

Elles disparaîtront si vous les frottez avec un chiffon imprégné d'essence.

Chaussures de cuir foncé

• *Taches*

θ→ Le procédé classique pour supprimer les taches sur du cuir foncé consiste à utiliser tout simplement un chiffon imprégné d'alcool à brûler. De plus, après ce traitement, vos chaussures brilleront plus qu'avant.

θ→ Autre solution plus originale : frotter les taches avec l'intérieur d'une peau de banane.

Cheminée en briques

- *Entretien*

⟿ Pour que les briques ne s'imprègnent pas de suie, cirez-les avec une cire blanche et elles seront protégées ;

⟿ Si les vapeurs de suie ont déjà terni les briques de votre cheminée, frottez-les avec une éponge humide imprégnée de poudre de pierre ponce fine.

Cheminée en carrelage

Frotter avec un demi-citron imprégné de sel.

Cheminée en marbre

- *Entretien*

Pour le rénover et le détacher, frotter avec un tampon de fine laine d'acier au savon.

Cheminées

Profitez de ce qu'un bon feu flambe dans votre cheminée pour y jeter des épluchures de citron ou d'orange. Votre maison s'en trouvera agréablement parfumée.

Chemises

- *Lavage*

Les cols et les poignets des chemises se salissent en premier et, si l'on n'y prend pas garde, une trace noirâtre s'installe, qu'un simple lavage ne suffit pas à éliminer. Prenez donc l'habitude de frotter les cols et les poignets avec un morceau de savon de Marseille sec avant de laver les chemises.

- *Lavage machine*

Pour ne plus vous battre avec des chemises enchevêtrées les unes dans les autres au sortir de la machine à laver, pensez, avant de les y placer, à boutonner les boutons des poignets à l'une des boutonnières du devant de la chemise.

• *Bagages*

Pour que les cols des chemises ne souffrent plus lors de vos déplacements, je vous conseille de glisser la bande de plastique ou de carton qui accompagne toute chemise neuve dans l'encolure de celles que vous avez choisies d'emporter.

Chenilles

Voici un remède sans danger pour vos cultures, mais très efficace pour débarrasser vos plantes des chenilles : prenez des tiges de sureau, mettez-les dans une bassine contenant une bonne quantité d'eau, couvrez et faites bouillir le tout pendant un bon quart d'heure. Allongez alors la décoction obtenue avec un peu d'eau et arrosez-en les plantes menacées par les chenilles.

Cheveux

• *Abîmés*

Qu'ils soient secs ou gras, n'hésitez pas à leur faire prendre un bain d'huile. Étalez celle-ci avec un pinceau ou un tampon de coton sur toute leur longueur, puis enveloppez-vous la tête d'une serviette éponge mouillée d'eau chaude que vous garderez pendant un bon moment. Faites-vous ensuite un bon shampooing et rincez abondamment.

• *Brillants*

Ils le seront si, après chaque shampooing, vous pensez à ajouter un filet de vinaigre ou de jus de citron à la dernière eau de rinçage.

Une chevelure terne retrouvera provisoirement de l'éclat si elle est énergiquement frottée avec un foulard de soie.

• *Électriques*

Domestiquez-les en y passant doucement vos mains humides.

• *Soyeux*

Pour avoir des cheveux soyeux, nos grand-mères les rinçaient avec un mélange d'eau de rose et de rhum en quantités égales.

• *Brossage*

Pour débarrasser vos cheveux de la poussière dont ils se sont imprégnés, si vous n'avez pas le temps de faire un shampooing, ayez recours à ce truc : glissez votre brosse à cheveux dans un morceau de vieux bas nylon et brossez énergiquement. La poussière sera attirée par le nylon.

• *Gras*

Trois solutions :

- Ajouter régulièrement du jus de citron à la dernière eau de rinçage ;
- Régulariser l'excès de sébum en consommant de la levure de bière ;
- Imprégner de temps en temps votre cuir chevelu d'huile avant de faire un shampooing.

• *Secs*

Une petite recette que je vous recommande : mélangez deux jaunes d'œufs avec une cuillerée à café de rhum et une d'huile de ricin.

• *Blancs*

Il est tout à fait possible de leur donner soi-même une jolie teinte mordorée en les rinçant régulièrement avec une infusion de thé.

• *Blonds*

La camomille leur sied particulièrement bien : faites donc une décoction de camomille allemande en plongeant 40 grammes de fleurs dans un litre d'eau froide et en laissant bouillir pendant un quart d'heure.

• *Bruns*

Au risque de vous surprendre, sachez que vous leur donnerez un très joli reflet brillant en les rinçant avec une décoction de trois poireaux cuits dans un litre d'eau froide.

• *Châtains*

Ils sont souvent ternes, et pour leur redonner de l'éclat, faire appel aux feuilles de noyer. En faire une décoction en comptant 50 grammes de feuilles pour un litre d'eau froide.

• *Chute*

Vous pouvez parfaitement vous-même ralentir la chute de vos cheveux ; il suffit d'un peu de prévoyance.

⊕ Lavez-les avec de l'eau dans laquelle vous aurez fait longuement bouillir du cresson ;

⊕ Ou bien, avant chaque shampooing, massez votre cuir chevelu avec un peu de sel marin et brossez longuement.

Chewing-gum

La seule possibilité pour débarrasser sans risque de déchirure un tissu d'un chewing-gum collé, c'est de faire appel au froid : il suffit donc de frotter un glaçon sur le chewing-gum pour le voir se durcir et pour pouvoir alors le décoller sans peine et sans dommage.

Chien

• *Bain*

Deux précautions à prendre avant de donner un bain à votre toutou :

⊕ Lui mettre un peu de coton hydrophile dans les oreilles ;

⊕ Verser dans chaque œil une goutte d'huile de ricin, qui empêchera le savon de lui piquer les yeux.

• *Dents*

Si vous lui donnez régulièrement des os à ronger, sa dentition devrait être à l'abri du tartre ; pour lui rendre sa blancheur, si ce n'est pas le cas : frottez ses dents avec un demi-citron. De plus, de nombreux chiens adorent le goût du citron.

• *Médicament*

S'il déjoue votre ruse qui consiste tout simplement à cacher le comprimé qui lui est destiné dans sa pâtée, écrasez celui-ci finement et mélangez-le à une cuillerée à café de sucre en poudre. La gourmandise sera la plus forte.

• *Pelage*

Un peu de persil haché ou un jaune d'œuf intégrés à sa pâtée contribueront à lui donner un poil brillant.

• *Puces*

Pour éviter que les puces ne viennent lui rendre visite, placer sous son coussin ou dans sa niche quelques poignées d'aiguilles de pin fraîches, et ne pas oublier de les changer régulièrement.

De la fougère séchée dont vous garnirez le coussin de votre chien empêchera également les puces de venir y trouver refuge.

Chocolat

• *Préparation*

Pour qu'il soit parfaitement réussi, je vous conseille de le préparer la veille. Afin qu'il n'attache pas au fond de la casserole, sachez qu'il suffit d'ajouter un peu d'eau froide sur les carrés de chocolat, avant de les faire fondre.

• *Saveur*

En faisant fondre les plaques dans du café très fort, vous en améliorerez la saveur.

• *Taches sur tissu*

D'une manière générale, la meilleure solution pour retirer une tache de chocolat consiste à la frotter avec de la glycérine et à la placer entre deux buvards afin que graisse et chocolat soient absorbés par ceux-ci.

Cependant, si cela ne suffisait pas, et si le tissu taché est garanti grand teint, frottez la tache avec un peu d'alcool à 90° dilué dans de l'eau.

• *Taches sur moquette*

Faites appel à votre solvant habituel en veillant à frotter en partant de l'extérieur de la tache pour aller vers le centre. Couvrir de talc, aspirer puis terminer en tamponnant avec un mélange d'alcool et d'eau en parties égales.

Chou

• *Salade*

Une salade de chou sera bien meilleure si vous la laissez mariner pendant deux ou trois heures dans la sauce vinaigrette. Je vous signale également que quelques raisins secs et quelques dés de gruyère l'agrémenteront fort agréablement.

Chromes

• *Rouille*

Il est tout à fait possible de protéger des chromes de la rouille en les frottant avec un chiffon imprégné d'un peu de ciment en poudre.

• *Brillant*

Récupérez de la cendre de cigarette et frottez-en vos chromes, rincez et polissez. Vous serez étonné du brillant obtenu.

Cils

• *Maquillage*

θ→ Ne maquillez jamais vos cils avant d'avoir poudré votre visage. Appliquez d'ailleurs de la poudre sur vos cils, non seulement avant d'utiliser votre mascara, mais également entre deux couches de celui-ci. Vos cils paraîtront plus longs et plus épais.

θ→ Pour ne plus risquer les bavures de mascara, commencez par maquiller les cils inférieurs.

⊕ Une fois votre maquillage des yeux terminé, brossez vos cils avec une petite brosse dure et bien sèche afin de les séparer les uns des autres.

Ciment

- *Traces*

Du vinaigre d'alcool bouilli versé sur les traces de ciment sur un sol fera disparaître celles-ci si vous brossez énergiquement.

Cintres

Rien de plus énervant que les jupes ou pantalons qui échappent aux pinces d'un cintre. Pour pallier cet inconvénient, fixez sur chaque lamelle de bois un peu de bourrelet adhésif dont vous vous servez pour calfeutrer vos portes et vos fenêtres. Vous éviterez les chutes intempestives.

Cirage

- *Onctuosité*

Ne jetez plus une boîte de cirage desséché, puisqu'en lui ajoutant :

⊕ Du jus de citron ;

⊕ Du lait chaud ;

⊕ De l'essence de térébenthine ;

⊕ Ou du pétrole, vous lui rendrez son onctuosité.

Ciseaux

- *Aiguisage*

⊕ Le procédé le plus classique consiste à couper une feuille de toile émeri avec la paire de ciseaux à aiguiser.

⊕ Jouez avec les ciseaux à aiguiser comme si vous vouliez couper le goulot d'une bouteille en verre.

⊕ Un bain pendant toute une nuit dans un mélange d'un

tiers de pétrole et de deux tiers d'huile résoudra vos problèmes d'aiguisage.

Citron

• *Jus*

Pour exprimer un jus de citron sans presse-citron, transpercez-le d'un pôle à l'autre avec une grosse aiguille à tricoter. Ce procédé présente un autre avantage : le jus ne contient aucune pulpe.

• *Pulpe*

Profitez de ce que vous venez de presser un citron pour gratter la pulpe avec vos ongles et vous en frictionner les mains. Elles seront douces et vos ongles parfaitement blancs.

• *Conservation de la pulpe*

Il arrive fréquemment que l'on ait uniquement besoin du zeste d'un citron. Pour en conserver la pulpe, enfouir le citron tout simplement dans du sel fin.

Citron entamé

• *Conservation*

θ→ En saupoudrant de sel fin la partie entamée d'un citron, on peut parfaitement le garder pour une prochaine utilisation.

θ→ Quelques gouttes de vinaigre sur une soucoupe donnent également de très bons résultats, puisqu'il suffit de poser la face coupée du citron dessus.

θ→ Toujours avec une soucoupe, poser le côté entamé du citron en contact avec celle-ci, et couvrir d'un verre retourné.

Citrons entiers

• *Conservation*

θ→ Remplir un récipient de gros sel et enfouir les citrons dedans, de telle sorte qu'ils soient complètement recouverts.

Vous pourrez ainsi les conserver pendant plusieurs jours sans qu'ils perdent leurs qualités.

En les immergeant dans un récipient rempli d'eau et en changeant celle-ci tous les jours, ils garderont également leur fraîcheur intacte.

Clef

• *Récupération*

Avant de faire appel au serrurier si votre porte s'est claquée avec la clef à l'intérieur, essayez ce vieux truc qui devrait marcher, à condition que vous ayez la place de glisser un journal sous la porte. L'astuce consiste en effet à pousser la clef avec un fil de fer, de manière à ce qu'elle tombe sur le journal. La suite est un jeu d'enfant, puisqu'il suffit de ramener le journal à soi très doucement pour récupérer la clef.

• *Rouille*

Si vos clefs sont rouillées et sales, faites-leur prendre un bain dans un mélange composé d'une partie de pétrole et de deux parties d'huile. Après quelques heures passées dans ce bain, un coup de chiffon suffira à leur rendre leur propreté.

Clou

• *Petit*

Si vous ne savez pas enfoncer un clou sans vous donner des coups de marteau sur les doigts, piquez les petits clous dans un morceau de carton que vous tiendrez au moment de les planter.

• *Bois dur*

Afin qu'il glisse mieux et ne risque plus de se plier lorsque vous essayerez de l'enfoncer, trempez le clou dans de l'huile, du savon ou de la cire.

• *Bois tendre*

Émoussez toujours la pointe d'un clou devant être enfoncé dans du bois tendre. Sinon, celui-ci risque de se fendre.

- ***Surface peinte***

Lorsqu'on plante un clou sur une surface peinte, il y a toujours un risque de voir le mur s'écailler, à moins qu'on ne prenne la précaution de coller du ruban adhésif à l'endroit où l'on plante le clou. Une fois le clou enfoncé, il suffit d'enlever ce ruban protecteur.

- ***Tenue***

⊕ Autant la rouille peut être nocive dans de multiples cas, autant elle est efficace pour maintenir fortement un clou en place. Provoquez-en donc la formation en mouillant la pointe du clou avec de l'eau fortement salée avant de l'enfoncer.

⊕ Il est parfois nécessaire de replanter dans le même trou un clou tombé. Vous y parviendrez sans difficulté si vous remplissez le trou avec :
- un peu de coton hydrophile imprégné de plâtre délayé dans de l'eau ;
- un petit bouchon de papier journal humide.

Cocktail

A la base de la réussite de tous les cocktails, un dénominateur commun : commencer par verser dans le shaker la boisson ayant la plus faible teneur en alcool.

Cocotte-minute

Pour qu'elle ne noircisse plus lorsque vous y faites cuire des légumes à la vapeur, ajoutez quelques gouttes de citron et cela ne se produira plus.

Coffre à jouets

Solution idéale pour les enfants, puisqu'il est à la mesure de leur petite taille, il n'est hélas cependant pas à la mesure de leurs petits doigts. Pour que ceux-ci ne risquent plus de se trouver coincés lorsqu'ils rabattent le couvercle, une précaution toute simple : coller une rondelle de bouchon en liège sur les deux coins avant du coffre à jouets. Vous créerez ainsi juste l'espace suffisant pour que leurs doigts ne soient plus pris au piège.

Collants

• *Durée prolongée*

Dès que vous venez de les acheter, avant même de les étrenner, rincez-les à l'eau tiède, faites-les sécher à plat et repassez-les avec un fer doux.

θ→ Une de ces astuces toutes simples à partir du moment où on en a connaissance : les mailles de votre collant seront moins fragiles si vous le portez à l'envers.

θ→ Prenez désormais l'habitude de sucrer la dernière eau de rinçage de vos collants ;

θ→ Pour enfiler leurs bas de soie, nos grand-mères prenaient la précaution de mettre des gants... Nos collants sont en nylon, mais le port des gants est toujours souhaitable.

• *Maille filée*

Chacune a sa recette pour tenter d'arrêter à temps une maille qui file. En voici donc plusieurs au choix :

θ→ Une goutte de vernis à ongles incolore ;

θ→ Un petit peu de savon sec ;

θ→ Une pointe de colle ;

θ→ Ou bien encore un nuage de laque à cheveux.

• *Récupération*

θ→ Ne jetez plus vos vieux collants, jouez à l'écureuil et gardez-les, car vous allez constater qu'ils vous rendront de multiples services. C'est ainsi que, coupés en petits morceaux, ils remplaceront les copeaux de mousse ou de kapok avec lesquels on bourre les coussins.

θ→ Dans de multiples situations, l'usage des vieux collants remplace fort avantageusement celui d'un chiffon de tissu. On peut même envisager de les coudre ensemble à grands points pour obtenir un chiffon d'une taille plus importante.

N'oubliez pas que rien ne vaut un collant de nylon mouillé et essoré pour débarrasser des poils et des fils vos vêtements.

Une preuve supplémentaire, s'il en fallait une, de l'utilité des vieux collants : ils feront briller d'une manière étonnante toute votre robinetterie.

Colle

• *Sur du verre*

Rien ne vaut le blanc d'œuf, notamment pour coller des étiquettes sur des bouteilles.

• *Petite quantité*

Le problème, avec la colle que l'on souhaite utiliser en très petite quantité, est de trouver le récipient adapté, et surtout d'éviter d'en souiller un, difficilement rattrapable par la suite. Cette difficulté sera résolue si vous pensez à garder les emballages des comprimés, faits généralement de feuilles de matière plastique dans lesquelles sont moulées des alvéoles. Plus de problème de nettoyage puisque vous les jetterez après utilisation.

• *Taches sur tissu*

Après avoir pris la précaution de mettre un tissu absorbant sous la tache à enlever, tamponner avec du vinaigre blanc, puis rincer avec un coton imbibé d'eau.

Colle à papier

• *Fabrication*

Rappelons la recette classique : un peu de farine délayée dans du vinaigre. Recette à appliquer lorsqu'on veut obtenir une pâte souple que l'on peut étaler au pinceau.

Toujours avec de la farine, que l'on délaye cette fois dans un peu d'eau, et que l'on fait bouillir en veillant à battre avec un fouet pour éviter les grumeaux. La colle obtenue vous permettra de faire adhérer aussi bien du carton que du papier ou du tissu.

Compote

• *De pommes*

Rien ne vaut les reinettes ou les Boskop, deux variétés acidulées, pour réussir une bonne compote.

→ N'ajoutez le sucre qu'en fin de cuisson, pour qu'elle soit lisse, crémeuse et onctueuse.

→ Si vous la servez tiède, ajoutez une noix de beurre en même temps que le sucre.

→ Agrémentez-la de quelques croûtons, également frits dans du beurre et servis bien chauds.

Concentré de tomate

• *Reste*

Un reste de concentré de tomate peut parfaitement être conservé à condition de l'isoler de l'air avec une légère couche d'huile.

Concombre

S'ils sont vraiment trop amers, je vous conseille de procéder en deux temps pour les faire dégorger :

→ Tout d'abord, dans du sel, mais en les laissant entiers ;

→ Ensuite, un bain de quelques minutes dans du lait légèrement sucré.

→ C'est alors seulement que vous les couperez en rondelles.

Confiture

• *Cuisson*

→ Pour qu'elle ne déborde pas en cuisant, ajouter tout simplement une noix de beurre afin d'éviter la formation de l'écume.

→ Penser, juste avant de retirer une confiture du feu, à donner un gros bouillon et à écumer le dessus du liquide en une seule fois.

- *Fruits sans noyaux*

Le procédé le plus connu consiste à ajouter des amandes mais sachez que vous pouvez aussi bien intégrer à la cuisson des pépins de citrons que vous aurez enfermés dans une mousseline nouée.

- *Parfum*

Trois possibilités parmi beaucoup d'autres :

- Des zestes d'orange ;
- Des zestes de citron ;
- Ou de la cannelle.

- *De fraises*

La fraise étant un fruit acide, contenant donc peu de pectine, incorporez toujours au sirop de fraises quelques cuillerées de gelée de groseilles pour assurer la prise de votre confiture.

- *Cristallisation*

La cristallisation des confitures est presque toujours due au fait qu'elles sont trop cuites et qu'il s'est produit une trop grande concentration de sucre. Pour pallier cet inconvénient, dès que vous venez d'ouvrir le pot, ajoutez un peu d'eau bouillante et remuez afin de faire fondre les cristaux.

- *Conservation d'un pot entamé*

- Recouvrez le pot avec une simple feuille d'aluminium ménager que vous poserez sans serrer.
- Saupoudrez la surface de la confiture d'un peu de sucre en poudre.

Congélateur

- *Dégivrage*

Le dégivrage d'un congélateur n'est pas toujours chose aisée car si cette opération n'est pas faite très rapidement, les aliments qu'il contient risquent de souffrir de leur passage à une température normale. J'ai résolu le problème en procédant ainsi : après avoir vidé mon congélateur, je dirige l'air chaud de mon sèche-cheveux entre les parois et la glace. Celle-ci se décolle alors par plaques. Il est évident qu'une telle opération nécessite de débrancher le congélateur auparavant.

Congélation

• *Sauces*

Il est difficile de préserver le goût et l'aspect des sauces liées une fois congelées.

→ La première possibilité peut être de ne les lier que lors de la préparation finale.

→ Cependant, il en existe une autre : remplacer un quart de la farine par de la fécule.

• *Plats*

L'adjonction de sel ou d'épices dans des plats cuisinés destinés à être congelés n'est pas souhaitable, car cela risque de prolonger le temps nécessaire à une bonne congélation, et d'abréger le temps de stockage.
Conclusion : penser à réduire au minimum la quantité de sel et d'épices.

Coquelicots

Les coquelicots sont fragiles et éphémères ; si vous voulez en prolonger la durée, brûlez le bout de leur tige dès que vous les avez cueillis.

Coquillages

• *Lavage*

Pour qu'ils rejettent d'eux-mêmes le sable qu'ils contiennent, recréez leur milieu d'origine en les lavant dans une eau extrêmement salée.

Corail

• *Nettoyage*

Comme pour les coquillages, la meilleure solution pour nettoyer du corail consiste à le laisser séjourner pendant quelques minutes dans de l'eau très salée.

Cordage

• *Assouplissement*

Vous obtiendrez un excellent résultat en le laissant tremper pendant douze heures dans de l'eau glycérinée à 5 %. Contentez-vous ensuite de le laisser sécher à l'air.

Cornichons

S'ils ont absorbé trop de sel, ne renoncez pas à les consommer, puisqu'en les faisant macérer pendant trois ou quatre semaines dans du vinaigre de vin additionné de petits oignons épluchés, ils se laisseront manger très facilement.

Coton noir

• *Rénovation*

Pour rendre l'aspect du neuf à un vêtement de coton noir, il suffit d'ajouter un peu de bière dans la dernière eau de rinçage.

Coudes

• *Rugueux*

Si vous répugnez à l'usage de la pierre ponce pour adoucir une peau rugueuse, qu'il s'agisse des genoux, des talons ou des coudes, sachez qu'il existe deux autres possibilités, à base d'éléments tout à fait naturels, puisque l'une fait appel au citron et l'autre à l'huile d'olive :

➾ Frotter les parties rugueuses avec une moitié de citron ;

➾ Appliquer des compresses d'huile d'olive tiède et les maintenir en contact pendant quelques minutes.

Coussin

• *Découpe*

En règle générale, lorsque vous faites vous-même les enveloppes de vos coussins, retenez deux astuces qui vous permettront d'obtenir des angles nets et de leur donner plus de moelleux.

θ→ Angles nets : un tissu que l'on découpe à angles droits donnera inévitablement des coins de coussin proéminents alors que si vous coupez le tissu légèrement incurvé sur les quatre côtés, cela ne se produira plus.

θ→ Plus moelleux : pour ce faire, couper toujours le tissu à des dimensions légèrement inférieures à celle de la mousse qu'il recouvrira.

Couteau

Si la lame est couverte de rouille, passer dessus un oignon coupé en deux et imbibé de sucre en poudre.

Couture

Si vous en avez assez de terminer vos travaux de couture avec l'index gauche criblé de coups d'aiguille, n'y allez pas par quatre chemins et recouvrez-le d'une couche de vernis.

Couvercle métallique

- *Récalcitrant*

Plus besoin de faire appel à une poigne plus ferme que la vôtre puisque, grâce aux astuces suivantes, vous pourrez le débloquer facilement :

θ→ Présentez-le pendant quelques instants dans la flamme de votre gazinière. Le fer se dilatant au contact de la chaleur, vous dévisserez le couvercle sans problème. Attention, prenez vos précautions pour ne pas vous brûler.

θ→ Si vous disposez d'un bracelet élastique, enroulez-le autour du couvercle, cela provoquera une bonne adhérence grâce à laquelle vous aurez plus de prise.

θ→ Votre main ne glissera plus si vous dévissez le couvercle avec un morceau de papier de verre ou de toile émeri.

θ→ Faites prendre au bocal que vous souhaitez libérer un bain tête en bas dans de l'eau bouillante.

Couverts

Une idée astucieuse pour gagner du temps en débarrassant votre table : mettez vos couverts dans un joli cache-pot que vous destinerez à cet usage. Ils resteront ainsi bien en place et ne risqueront plus de glisser sur les assiettes empilées.

- *Taches d'œuf*

S'ils sont en argent, mieux vaut éviter de les utiliser pour manger des œufs, mais si vous le faites cependant, sachez que vous pourrez dissiper l'odeur qu'ils communiquent à l'argenterie en ajoutant de l'ammoniaque à l'eau de rinçage.

Les taches d'œuf disparaîtront si vous frottez les couverts avec une pomme de terre cuite à l'eau ou un citron coupé en deux.

Crayon de maquillage

- *Précaution*

Pour qu'il soit facile à tailler, et qu'il ne se casse plus, laissez-le séjourner pendant une nuit dans votre réfrigérateur.

- *Application*

Vous vous maquillerez les yeux avec beaucoup plus de précision si la mine du crayon que vous utilisez est ramollie. Pour ce faire, passez-la rapidement dans la flamme d'une allumette ou bien tapotez-la sur une ampoule électrique en fonctionnement.

Crème

- *Alcool*

Il ne faut jamais incorporer un alcool à une crème avant de la faire cuire, il perdrait tout son arôme. Vous ne l'ajouterez donc qu'en fin de cuisson.

Crème anglaise

• *Précaution*

Vous n'aurez plus l'inquiétude qu'elle tourne si, avant de battre les œufs, vous ajoutez une cuillerée à café de farine. Cela lui permettra de supporter l'ébullition.

• *Rattrapage*

Voici un truc très précieux puisqu'il vous permettra de rattraper une crème anglaise tournée.
En remplir une bouteille aux trois quarts, la boucher et secouer fortement pendant quelques minutes. Cette crème redeviendra tout à fait consommable.

Crème Chantilly

Vous ne devez incorporer le sucre qu'en fin de préparation.

Crème fraîche

Pour vous mettre à l'abri de mauvaises surprises, n'oubliez pas :

- Qu'elle ne doit jamais être en contact avec du jus de citron ou du vinaigre ;
- Qu'elle ne supporte pas l'ébullition ;
- Et qu'il est souvent tout à fait suffisant d'en napper la préparation en fin de cuisson.

Crème renversée

Qu'elle soit parfumée ou nature, je vous recommande d'ajouter systématiquement deux jaunes d'œuf supplémentaires aux proportions indiquées dans la recette. L'entremets obtenu sera plus ferme.

Crème à la vanille

Pour qu'elle dégage le maximum de sa saveur, y ajouter une légère pincée de sel.

Crêpes

- *Pâte sans grumeaux*

Si vous n'avez pas le tour de main, si, en dépit de vos efforts, vous n'arrivez pas à obtenir une pâte parfaitement lisse, une astuce très efficace : passer la pâte au tamis et écraser les grumeaux au fur et à mesure avec une spatule en bois.

- *Pâte légère*

Deux solutions pour qu'elle soit plus légère :

- Ajouter un verre de bière;
- Ou un blanc d'œuf battu en neige.

- *Simplification*

Plutôt que d'adopter le système de la louche, qui a pour inconvénients de nécessiter toute une manipulation et d'entraîner une corvé de nettoyage, procédez ainsi : transvasez la pâte dans une bouteille d'eau minérale. Pour faire une crêpe, vous n'aurez qu'à verser la quantité de pâte nécessaire directement dans la poêle.

- *Chaudes*

Afin qu'elles ne refroidissent pas au fur et à mesure de leur fabrication, maintenez-les dans un plat muni d'un couvercle au-dessus d'une casserole d'eau bouillante. Cette solution a l'avantage de leur garder leur moelleux.

Crevettes

Nous faisons de plus en plus appel à des produits tout prêts qui nous font gagner du temps, mais dont le goût souffre généralement de ce conditionnement. C'est le cas des crevettes décortiquées qui gardent souvent un goût de conserve. Pour supprimer celui-ci, faites-les mariner pendant un quart d'heure dans un peu de xérès, de porto ou à défaut dans du vinaigre.

Cristal

• *Précautions*

🏹 Bannissez totalement l'usage des poudres à récurer.

🏹 Mélangez plutôt du gros sel et du vinaigre à votre produit de vaisselle habituel.

• *Nettoyage*

Une carafe ou un vase en cristal retrouveront leur éclat si vous y mettez du sable fin ou des coquilles d'œufs que vous recouvrez d'eau. Après avoir agité, rincez plusieurs fois à l'eau claire. Le cristal sera étincelant.

• *Brillant*

🏹 S'il s'agit de bibelots, nettoyez-les de temps en temps avec un peu d'alcool à 90° ;

🏹 Tous les objets de cristal que vous pouvez laver brilleront si vous ajoutez quelques gouttes d'ammoniaque dans leur eau de lavage, et un peu de vinaigre à celle du rinçage.

Crochet à vis

• *Fixation*

Il est difficile de visser à fond un crochet, compte tenu du peu de prise que l'on a. Pour y parvenir sans peine, glisser dans la boucle du crochet un objet rigide (tournevis, clou...) dont vous userez comme d'un tire-bouchon.

Crochet à ventouse

• *Pose*

Ne renoncez plus à leur utilisation sous prétexte qu'ils se décollent du mur sur lequel vous les avez fixés. Si vous respectez ce mode d'emploi, cela ne se produira plus :

🏹 Faites tremper la ventouse quelques instants dans de l'eau bouillante ;

🏹 Après avoir bien séché l'endroit choisi, y passer un peu d'éther ;

⊕ Ultime précaution : enduire la ventouse d'un peu de lait concentré sucré.

Crocodile

Un sac à main en crocodile ou en lézard doit être entretenu avec un peu d'huile d'amande.

Croissants

Des croissants de la veille retrouveront leur fraîcheur si vous les passez au four après les avoir enveloppés de papier de soie humide.

Crustacés

- *Salade*

Remplacez la traditionnelle sauce vinaigrette par un mélange de mayonnaise, concentré de tomates et whisky. C'est délicieux.

Cuillère

- *De bébé*

Pour que la bonne volonté avec laquelle votre bébé tente de manger tout seul ne soit pas ralentie par la chute régulière de sa cuillère dans le fond de l'assiette, un truc efficace : glisser autour du manche un bouchon en plastique. Il retiendra la petite cuillère au bord de l'assiette.

Cuir

- *Qui déteint*

Le frotter avec un chiffon imbibé d'alcool à brûler.

- *Moisissures*

Après l'avoir brossé, nettoyez avec de l'essence de térébenthine puis terminer l'opération en le recouvrant d'une fine couche de glycérine.

• *Accrocs*

Il est bien évident que la solution consiste à mettre un peu de colle pour réparer un cuir « accroché », mais là où la difficulté commence, c'est au moment de faire adhérer la lamelle de cuir soulevée. Vous y parviendrez parfaitement en faisant rouler une bille sur la partie traitée.

• *Sièges*

Vous pouvez vous-même fabriquer un excellent produit d'entretien qui nourrira et fera briller vos sièges en cuir en mélangeant de l'huile de lin et du vinaigre d'alcool.

• *Lanières*

Tous ceux qui ont essayé de réaliser eux-mêmes des travaux en cuir nécessitant l'utilisation de fines lanières savent combien il est difficile de s'en procurer et combien leur coût est élevé, d'où la solution de les confectionner soi-même grâce à un outil improvisé : deux lames de rasoir fixées perpendiculairement à un support, dont la largeur correspond à celle des lanières prévues. Un morceau de fer plat convient parfaitement.

Cuir clair

• *Entretien*

Rien ne vaut le blanc d'œuf battu en neige dont on étale la mousse à l'aide d'un tampon propre. Si l'on termine avec un chiffon de laine, le résultat est spectaculaire.

Cuir de couleur

• *Entretien*

Procurez-vous un chiffon de flanelle et saupoudrez-le de talc. Frottez-en le cuir de couleur et faites ensuite une pâte constituée de deux tiers d'essence de térébenthine pour un tiers de cire d'abeille molle. Une fois le cuir bien imprégné de cette pâte, laissez sécher et faites briller.

Cuir verni

• *Brillant*

Vous aurez le choix, puisque je vous propose quatre solutions :

- Du lait écrémé tiède ;
- Un oignon coupé en deux ;
- Un blanc d'œuf battu en neige ;
- De l'huile d'olive.

Cuir relié

• *Rénovation*

Une reliure ternie frottée avec un jaune d'œuf dilué d'un peu d'alcool à 90° retrouvera sa fraîcheur.

• *Patine*

Vous pourrez parfaitement lui redonner la patine souhaitée en utilisant :

- Un blanc d'œuf battu en neige et mélangé avec quelques gouttes de vinaigre ;
- Ou bien de la cire diluée avec de l'essence de térébenthine.

Cuivre

• *Entretien*

- Sachez tout d'abord qu'il existe une solution tout à fait efficace vous permettant de surcroît de ne pas utiliser de chiffons : une fois que vous avez nettoyé les cuivres avec votre produit habituel, immergez-les dans de l'eau de lessive chaude. Il se formera alors un précipité noir que vous verrez se dissoudre instantanément. Il ne vous restera plus qu'à rincer et à faire briller.
- Un peu de vinaigre d'alcool mélangé à du sel fin donne également de très bons résultats.

θ→ Si vous habitez à la campagne, prenez un peu de terre humide que vous mélangerez à de la pulpe d'oignon écrasée.

θ→ Par ailleurs, un oignon ou un demi-citron saupoudré de sel fin donne également toute satisfaction (prendre la précaution de mettre des gants).

• *Très sale*

Je vous conseille dans ce cas de fabriquer vous-même une pâte constituée d'une poignée de farine, de 500 grammes de gros sel, d'un demi-verre de vinaigre, d'un jus de citron et de trois blancs d'œuf. Cette pâte, s'il vous en reste, pourra d'ailleurs être parfaitement conservée si vous l'enfermez dans une boîte fermant hermétiquement.

• *Oxydé*

θ→ Légèrement : vous pouvez vous contenter d'humecter le cuivre avec du vinaigre dans lequel vous aurez fait dissoudre un peu de gros sel. N'hésitez pas à brosser, pour nettoyer les ciselures (souvenez-vous qu'une vieille brosse à dents remplit parfaitement cet office).

θ→ Très oxydé : il existe la possibilité d'immerger complètement l'objet à nettoyer dans de l'eau de Javel bouillante, mais plutôt que d'utiliser ce procédé risquant de nuire au cuivre comme à vos mains, je vous recommande celui-ci : immergez votre cuivre dans une solution de cristaux de soude (deux poignées par litre d'eau) saturée de sel de mer. Portez le tout à ébullition en surveillant l'opération. Rincez, séchez et polissez.

• *Vert-de-gris*

θ→ Si le mal est très important, du sel de mer dissous dans du vinaigre bouillant et frotté sur les taches les fera disparaître.

θ→ Dans bien des cas, il suffit de frotter avec une poignée d'oseille pour venir à bout du vert-de-gris.

• *Traces de suie*

Un chaudron couvert de suie sera nettoyé en le plongeant dans de l'eau chaude additionnée de lessive Saint-Marc et d'une cuillerée à soupe d'ammoniaque par litre d'eau. Après ce bain, il est utile de rincer, de laisser sécher puis de terminer avec le produit habituellement utilisé pour les cuivres.

- *Brillant durable*

- Si vous les enduisez d'une fine couche d'encaustique, vous limiterez de beaucoup la corvée d'astiquage.
- Pour obtenir un brillant définitif, vaporisez sur vos cuivres un vernis spécial, incolore, en bombe. Il vous suffira alors de les dépoussiérer de temps en temps.

- *Sur un meuble*

Personnellement, je me contente de les frotter avec un peu d'eau ammoniaquée qui a l'avantage de préserver juste ce qu'il faut de patine.

- *Vieillissement*

Vous pouvez très bien le faire vous-même :

- En le badigeonnant avec du vinaigre de vin ;
- Ou avec de l'huile de vidange de voiture ;
- Ou encore en le plongeant tout simplement dans l'eau de cuisson des champignons.

Cuivre ciselé

Mieux vaut éviter d'employer des pâtes non liquides qui ont tendance à s'incruster dans les ciselures, car même après le polissage, des traces blanchâtres subsistent encore. En conséquence, choisissez plutôt l'un des procédés suivants :

- Un chiffon imbibé d'eau ammoniaquée, puis un brossage au jus de citron ;
- Ou encore un demi-citron frotté directement sur le métal.

Cuivre doré

Pas d'hésitation : un blanc d'œuf plus une cuillerée à soupe d'eau de Javel.

Cuivre verni

• *Décapage*

Pour enlever le vernis qui recouvre un objet en cuivre, mélangez de l'ammoniaque à votre produit habituel, et ceci à raison d'une part d'ammoniaque pour deux parts de produit. Passez ce mélange sur l'objet et, avant qu'il soit sec, frottez énergiquement avec un chiffon de coton ; le vernis doit partir en pellicules.

D

PETIT DICTIONNAIRE DES TRUCS

Daim

• *Entretien*

S'il s'agit uniquement de salissures superficielles, le frotter avec :

- une gomme à crayon ;
- une brosse de crêpe ;
- un peu de pain rassis.

• *Nettoyage*

C'est avec un mélange en parties égales d'eau et d'ammoniaque que vous pourrez le nettoyer si, à l'aide d'un chiffon, vous agissez par petites touches et si vous séchez tout de suite à l'aide d'un chiffon sec. Terminez en brossant l'ensemble avec une brosse de crêpe.

• *Usure*

Vous en redresserez les poils en exposant la partie brillante dans de la vapeur d'eau ou encore en le frottant avec du papier de verre très fin.

• *Taches grasses*

Frotter la tache avec un coton imbibé d'éther.

Daim noir

• *Rénovation*

Vous obtiendrez le meilleur résultat en le passant avec précaution au-dessus de la flamme d'une bougie.

• *Qui déteint*

Passez doucement à la surface une flanelle imbibée d'alcool à brûler puis laissez sécher à l'air.

Décalcomanies

N'essayez pas de les enlever en grattant directement, car vous n'y parviendriez pas. En revanche, vous le ferez très facilement si vous les badigeonnez au préalable de vinaigre blanc jusqu'à ce qu'elles en soient bien imbibées.

Délustrage

• *Vêtements*

Une fois le vêtement bien nettoyé, brosser légèrement dans le sens de l'étoffe avec une solution de quatre gouttes d'alun pour un litre d'eau. Terminer avec une brosse dure.

• *Tissu noir*

Dans ce cas, utiliser une solution de quatre gouttes d'ammoniaque pour un demi-litre d'eau.

Démaquillage

Peut-être n'est-il pas inutile de dire et de répéter qu'il est indispensable de se démaquiller chaque soir. L'usage d'une crème nutritive après le démaquillage est souvent souhaitable. Pour en accentuer l'effet bénéfique, placer quelques instants sur le front, les joues et le cou un gant de toilette chaud.

Dents

θ→ Un remède de bonne femme pour avoir les dents

blanches : les frotter une fois par semaine avec une feuille de sauge ;

⇸ On peut également le faire avec un peu d'ouate imbibée d'eau oxygénée à dix volumes, mais pas trop souvent.

Dentelles

- *Teinture*

Si vous souhaitez donner à des dentelles cette nuance légèrement ocre due habituellement au temps qui passe :

⇸ Faites-leur prendre un bain dans une infusion de tilleul si vous souhaitez obtenir un ocre léger ;

⇸ Pour un ton plus soutenu, même procédé, mais dans du thé.

- *Apprêt*

⇸ Des dentelles authentiques ne doivent pas être repassées. On se contente, après les avoir plongées dans de l'eau de riz, de les faire sécher sans qu'elles se déforment. C'est à cette condition qu'elles gardent éclat et maintien.

⇸ Du sucre dans l'eau de rinçage, un séchage à plat, et le tour est joué.

⇸ Pour donner à une dentelle un apprêt important, adoptez la solution d'un demi-blanc d'œuf dans un litre d'eau froide et repassez à fer chaud afin de coaguler l'albumine.

Dentelles blanches

Voici un truc idéal pour redonner un blanc parfait à vos dentelles : les plier repassées dans une poche de toile blanche et faire tremper le tout pendant vingt-quatre heures dans de l'huile d'olive. Plonger ensuite le sac dans de l'eau bouillante bien savonneuse, et ceci pendant une vingtaine de minutes. Après avoir rincé, immerger dans de l'amidon blanc fondu, enlever les dentelles du sac et repasser aussitôt.

Dentelles noires

Rien ne vaut un bain dans un café noir sucré. Les dentelles en ressortent propres et empesées en même temps.

Dentelles anciennes

- *Nettoyage*

Elles sont fragiles, et doivent être traitées avec soin. C'est pourquoi je vous conseille, avant tout nettoyage, de les coudre à grands points sur un morceau de tissu. Ainsi protégées, mettez-les dans un sac (de tissu), plongez le tout dans de l'eau savonneuse, rincez et faites sécher les dentelles sans les découdre ; vous ne les découdrez que lorsqu'elles seront parfaitement sèches.

Dentifrice

Si vous en avez perdu le bouchon, la pâte va se dessécher très vite, à moins que vous ne placiez votre tube la tête en bas dans un verre d'eau.

Désherbant

Voici un désherbant efficace et qui ne vous coûtera rien : l'eau de cuisson des pommes de terre.

Désodorisant

- *Meubles*

Retrouvez les vertus de la farine de moutarde, puisqu'en en remplissant une soucoupe ou un petit bol que vous placerez dans un meuble, vous en éliminerez l'odeur de moisi.

- *Ustensiles*

Pour supprimer des odeurs telles que celle du poisson ou du moisi des casseroles ou plats, faites appel au marc de café ou à la farine de moutarde. L'un comme l'autre sont très efficaces.

Détachant

Quand vous connaîtrez ce truc, vous saurez que vous avez chez vous, à votre disposition, un détachant passe-partout pour vos tissus de laine, de coton ou de soie : il s'agit de l'eau de cuisson des haricots blancs, à condition qu'elle ne soit pas salée (ce qui de toute façon est tout à fait recommandé en ce qui concerne la cuisson des légumes secs).

Douche

- *Rideau*

Au traditionnel rideau de douche en plastique, pourquoi ne pas préférer du tissu éponge, que vous laverez facilement, qui absorbera les projections d'eau et sera d'un effet décoratif beaucoup plus réussi ?

E

Eau de Javel

• *Utilisation*

Produit miracle, l'eau de Javel ne vous rendra les services que vous en attendez que si vous savez l'utiliser, en respectant ces trois principes de base :

→ Mieux vaut la diluer dans de l'eau froide, car son action, au contact de la chaleur, est très rapide, d'où le risque d'abîmer votre linge ;

→ Il est beaucoup plus efficace de faire tremper le linge dans de l'eau de Javel avant le lavage plutôt qu'après. Ne serait-ce que pour permettre à l'odeur d'eau de Javel de disparaître au lavage ;

→ Sachez qu'augmenter la quantité d'eau de Javel en pensant multiplier son pouvoir détachant est un faux calcul. La bonne solution consiste à prolonger la durée du bain.

• *Rinçage*

Faites très attention de rincer abondamment et à plusieurs reprises un linge ayant séjourné dans de l'eau de Javel, sinon celle-ci continuera son effet, même une fois le linge sec et repassé.

• *Odeur*

→ Sur les mains : les frictionner avec du vinaigre, puis rincer à l'eau chaude.

🔑 Sur le linge : quelques gouttes d'ammoniaque dans la première eau de rinçage.

Ebène

• *Entretien*

Tout simplement de l'huile de lin.

Écaille

• *Véritable*

Pour un nettoyage en profondeur, vous pouvez de temps en temps utiliser une eau légèrement javellisée. D'une manière générale, contentez-vous d'un peu d'eau savonneuse et surtout ne laissez pas sécher, mais essuyez aussitôt après le rinçage.

Écharde

Tout d'abord, pour insensibiliser, commencer par frotter avec un glaçon. Ensuite, deux possibilités, dont on peut dire que la première est à la portée de tout le monde, et la seconde très efficace, mais plus difficile à réaliser .

🔑 Après avoir désinfecté à l'alcool camphré, faire un pansement avec de l'huile à brûler. L'écharde ainsi lubrifiée pourra être extraite facilement.

🔑 Si vous avez la chance de disposer de fleurs de lys, faites-en macérer un pétale dans de l'alcool à 90° et servez-vous-en pour en faire un pansement. Sensible à ce traitement, l'écharde partira sans peine.

Échelle

Plutôt que de demander à quelqu'un de retenir le bas de l'échelle sur laquelle vous êtes monté, livrez-vous à un petit bricolage qui vous assurera toute sécurité : fixez sous les pieds de l'échelle des morceaux de vieux pneus. Ils l'empêcheront de glisser.

Écrou

Tous les bricoleurs qui ont tenté de dévisser un écrou alors qu'ils ne disposaient que d'une pince multiprise savent qu'il est impossible de réussir sans détériorer l'écrou. Pourtant, en plaçant sur l'écrou une vis à tête six pans creuse et en faisant porter sur celle-ci l'effort de la pince multiprise, il est protégé.

Édredon

Rien de plus chaud ni de plus confortable, à la condition évidemment qu'il ne glisse pas du lit dans la nuit. Pour l'éviter, il vous en coûtera simplement un petit carré de mousse de nylon (en fine feuille) que vous coudrez au milieu de l'édredon sur la face posée sur le lit.

Élastique

Ne vous battez plus avec une épingle de nourrice pour changer un élastique, puisqu'il suffit de coudre l'élastique neuf au vieux et de tirer sur ce dernier pour vous simplifier la tâche.

Encaustique

- ***Dépannage***

S'il vous reste trop peu d'encaustique dans la boîte pour terminer le travail que vous avez commencé, diluez avec un peu d'essence de térébenthine.

Encre

- ***Taches sur du cuir***

Frotter avec un peu de jus de citron.

- ***Taches sur les doigts***

Le jus de tomate est la solution idéale.

- ***Taches sur du marbre***

Faites un mélange d'une partie d'ammoniaque pour trois

parties d'eau oxygénée à vingt volumes, et frottez-en le marbre taché avec un chiffon doux.

• *Taches sur les meubles*

Si la tache est fraîche, un simple lavage avec de l'eau chaude additionnée de jus de citron ou avec du lait cru doit suffire.

Si elle est ancienne :
– gratter avec un peu de toile émeri fine et polir avec un bouchon de liège en décrivant des cercles réguliers;
– ou bien, et en prenant toutes les précautions d'usage, appliquer au pinceau un peu d'acide sulfurique dilué dans de l'eau.

• *Taches sur du papier*

A l'aide d'un compte-gouttes, laissez tomber un peu d'eau oxygénée à douze volumes sur les taches d'encre après avoir mis un buvard sous le papier taché. Rincez en tamponnant légèrement avec un coton imbibé d'eau, puis absorbez-en le maximum avec un autre coton.

• *Taches sur du tissu*

Sur tissu non fragile : un peu de lait tiède ou de jus de citron, un rinçage abondant et la tache disparaît.

Sur tissu fragile : une fois la tache sèche, saupoudrer avec un peu de poudre à récurer et frotter jusqu'à disparition.

Encre rouge

• *Taches*

Je ne connais rien de mieux que la moutarde que l'on laisse agir pendant plusieurs heures pour faire disparaître ce type de tache.

Endives

• *Amertume*

Évitez de les laisser blanchir, cela ne ferait qu'accentuer leur amertume naturelle.

🙵 Pensez à enlever à la base un petit cône d'un ou deux centimètres de profondeur, selon la taille de l'endive.

🙵 Ajoutez un jus de citron, une pomme de terre ou un morceau de pain rassis à l'eau de cuisson.

Engrais

• *Plantes d'appartement*

Hormis le fait qu'un peu de vin rouge dans l'eau d'arrosage fera le plus grand bien à vos plantes d'appartement, voici quelques suggestions d'engrais qui ne vous coûteront rien :

🙵 En automne, faites provision de feuilles mortes, broyez-les et vous obtiendrez un terreau assez acide qui conviendra parfaitement à vos plantes d'ornement.

🙵 Une infusion de feuilles de thé leur redonnera un petit coup de fouet ;

🙵 Un autre fortifiant : du marc de café mélangé à du sucre en poudre ;

🙵 Toujours du sucre en poudre, mais que vous mélangez cette fois à des coquilles d'œuf broyées et ferez pénétrer dans la terre.

Entonnoir

• *Mini*

Pour transvaser du parfum ou de l'eau de toilette, improvisez un mini-entonnoir en trouant d'une épingle une demi-coquille d'œuf.

• *De remplacement*

Il est évident que le support plastique de votre filtre à café pourra parfaitement tenir les fonctions d'un entonnoir, de même que la partie supérieure (côté goulot) d'une bouteille d'eau minérale en plastique.

Cette dernière solution est notamment recommandée lors du transvasement de produits nocifs, puisqu'on peut jeter cet entonnoir improvisé.

Entremets

• *Chocolat*

Leur saveur sera améliorée si vous faites fondre les plaques de chocolat dans du café très fort.

Enveloppes

• *Taille*

Pour sortir du casse-tête chinois que représente l'expédition d'un document quand on ne dispose pas d'une enveloppe adaptée à sa taille, voici comment faire : prenez deux enveloppes, glissez le document dans l'une d'elles. Glissez l'autre enveloppe de telle sorte qu'elle recouvre la partie du document apparente, et ceci tête-bêche par rapport à la première enveloppe. Vous terminerez en collant tout simplement le rabat de la première enveloppe sur la face de la seconde et vice versa.

• *Humides*

Pour qu'elles se décollent sans risque de déchirure, repassez-les tout simplement à fer doux.

Épilation

• *Sourcils*

Pour que l'épilation des sourcils soit moins douloureuse, passez sur ceux-ci un coton imprégné d'alcool à 90° et laissez sécher avant de commencer l'opération.

Éponge

• *Maquillage*

Pour qu'elle vous rende le service que vous en attendez, vous devez l'entretenir avant et après chaque application de fond de teint.

⊕→ Avant : elle doit être humidifiée.

➾ Après : vous devez la laver à l'eau tiède savonneuse et la ranger dans un endroit aéré à l'abri de la poussière.

• *Odeur*

Dès qu'elle commence à s'imprégner d'une odeur désagréable, la faire tremper pendant toute une nuit dans de l'eau chaude fortement additionnée de jus de citron.

• *Usagée*

Glissez-la dans le pied d'un vieux bas, faites un nœud et elle vous servira pour les gros travaux.

Éponge naturelle

• *Entretien*

La prochaine fois que vous ferez bouillir de l'oseille, lavez votre éponge naturelle dans l'eau de cuisson et elle reprendra l'aspect du neuf.
N'oubliez pas par ailleurs de la replacer de temps en temps dans son ambiance naturelle : de l'eau salée.

Éponge synthétique

• *Entretien*

➾ Imbibez-la de jus de citron, recouvrez-la avec des morceaux de peau de ce fruit et aspergez-la d'eau bouillante. Laissez reposer plusieurs heures puis rincez.

➾ Un bain dans une solution d'eau tiède et de bicarbonate de soude lui fera également le plus grand bien.

Escalier

• *Tapis ou moquette*

Pour garantir longue vie à une moquette ou à un tapis posé dans un escalier, prévoyez toujours une marge supplémentaire (dans le sens de la longueur), par rapport aux dimensions de l'escalier. Lors de la pose, vous replierez ce surplus de moquette ou de tapis sous la dernière marche ou sous le palier. Ainsi, lorsque l'usure se fera sentir, il vous suffira de décaler de quelques centimètres ce tapis ou cette moquette, et de recommencer l'opération dès que le bord des marches commencera à se râper.

Escalope

• *De veau*

Pour qu'elle ne se recroqueville plus à la cuisson, pratiquez de petites entailles à l'aide d'un couteau sur tout son pourtour.

Escargots

Une astuce toute simple vous permettra d'obtenir des escargots plus digestes, d'éviter au beurre de brûler et d'annuler les projections de graisse sur les parois du four. Il suffit, après avoir chauffé votre four au maximum, de l'éteindre et d'y glisser les escargots; de plus, le beurre d'ail arrivera moins vite à ébullition, évitant à l'ail de roussir et de prendre un goût trop fort.

Essorage

• *Lainages*

Vous accélérerez sans nuire à leur tenue le séchage de vos lainages si, après les avoir posés à plat entre deux serviettes éponge, vous passez dessus votre rouleau à pâtisserie.

Essoreuse

• *Dépannage*

Avez-vous déjà pensé qu'une essoreuse centrifuge à salade vous permettra d'essorer votre lingerie fine plutôt que de la tordre avec les mains ?

Étain

• *Entretien*

Pour un entretien courant, l'eau savonneuse suffira et je vous conseille de vous servir d'une brosse.

• *Encrassé*

Qu'il soit très taché ou simplement encrassé depuis longtemps, vous pourrez parfaitement le nettoyer en ayant recours à l'un des trucs suivants :

- Le frotter avec du papier journal imbibé de pétrole ;
- Mélanger deux cuillerées à soupe d'eau de Javel avec un blanc d'œuf battu en neige et frotter l'étain avec un chiffon imbibé de ce mélange. Une fois sec, l'enduire de vaseline.
- Un lavage avec l'eau de cuisson des oignons ;
- Composer une pâte faite de blanc d'Espagne et d'huile d'olive ;
- S'il vous semble irrécupérable, un bain de plusieurs jours dans du pétrole, un brossage énergique et un séchage avec du papier absorbant vous donneront satisfaction.

• *Brillant*

Lorsque vous épluchez des poireaux, ne jetez plus la partie verte des feuilles, car en en frottant vos étains, ils retrouveront leur brillant.

• *Patine*

Au risque de vous surprendre, sachez que vous la raviverez en utilisant de la bière chaude ou du marc de café. A condition bien sûr de polir ensuite.

Étiquettes

• *Sur du métal*

Vous pleurerez peut-être un peu, mais en frottant le métal avec un oignon coupé en deux et en en humectant les étiquettes, vous pourrez être assuré de leur adhérence.

• *Sur des bouteilles*

Pour qu'elles collent parfaitement, faites-les tremper auparavant dans du lait.

• *Tenue*

Une fois sèches, badigeonnez-les de vernis à ongles incolore et elles ne bougeront plus.

Étoffe noire

- *Nettoyage*

Nos grand-mères faisaient macérer cinquante belles feuilles vertes de lierre dans deux litres d'eau (pendant vingt-quatre heures) et nettoyaient leurs étoffes noires avec une brosse imprégnée de ce liquide. Un rinçage s'impose, bien entendu.

Évier

- *Inox*

Rien de tel que de l'huile de machine à coudre pour lui donner un brillant incomparable.

- *Odeurs*

Il est assez fréquent que de mauvaises odeurs s'échappent d'un évier, même si on essaie de le maintenir dans un parfait état de propreté. Pour en éviter la formation, mettre en contact tout simplement un demi-citron sur l'orifice d'évacuation. En renouvelant cette opération régulièrement, il ne devrait plus y avoir de problème.

Eye-liner

Toute votre dextérité pour l'appliquer ne pourra lutter contre le fait que vos paupières ont tendance à trembler lorsque vous les maquillez.. A moins que vous n'ouvriez la bouche !

Farce

• *Viande*

Elle ne s'émiettera plus en cours de cuisson si vous y incorporez un œuf battu. Sachez par ailleurs que quelques gouttes d'huile l'empêcheront de durcir.

Fauteuil

• *Inconfortable*

L'origine de la plupart des trucs tient tout simplement dans l'expression du bon sens. J'en veux pour preuve cet exemple : vous améliorerez considérablement le confort d'un fauteuil présentant un dossier à angle droit en diminuant simplement (à vous d'en déterminer les proportions) la hauteur des pieds arrière.

Fauteuil en cuir

• *Éraflures*

Il est possible de les atténuer considérablement en procédant ainsi : après les avoir délicatement lavées à l'eau savonneuse, passer un peu de colorant assorti à la teinte du cuir (un peu de brou de noix peut convenir). Terminer en recouvrant d'un peu de gomme arabique et laisser sécher avant de faire briller.

Fenêtres

• *Peinture*

Si la solution du ruban adhésif que l'on colle sur le pourtour des vitres vous semble trop fastidieuse, sachez que vous obtiendrez également un excellent résultat en passant du vinaigre ou en frottant un oignon sur toute leur surface. La peinture n'accrochera pas.

Fenouil

• *Salade*

Les feuilles de fenouil sont délicieuses en salade, mais il faut bien le reconnaître, pas très digestes, à moins que vous ne les fassiez blanchir pendant un quart d'heure dans de l'eau bouillante avant de les assaisonner.

Fer à repasser

• *Mise en service*

Avant toute chose, frottez-en la semelle avec un peu de sel. Elle glissera beaucoup mieux.

• *Semelle*

Si elle accroche :

➔ Frottez-la avec une toile émeri très fine recouverte d'un linge ;

➔ Ou avec un morceau de savon sec alors que la semelle est encore chaude ; puis essuyez avec une feuille de papier journal ;

➔ Râpez un peu de bougie que vous placerez entre deux tissus. Repassez au fer chaud et essuyez en repassant immédiatement un morceau de tissu propre.

• *Semelle jaunie*

En prenant garde de ne pas vous brûler, frottez-la avec une moitié de citron.

• *Traces*

Pour que le fer ne laisse plus sur le linge que vous repassez des traces jaunâtres fort désagréables, passez sur sa semelle un tampon de coton imprégné de vinaigre d'alcool et saupoudré de sel fin. Essuyez ensuite avec un chiffon doux.

Fer à vapeur

• *Semelle*

Avec des cotons-tige ou des cure-pipes imprégnés d'eau savonneuse concentrée, vous nettoierez sans difficulté les trous par lesquels s'échappe la vapeur.

• *Entartré*

Il s'entartre très facilement si on ne prend pas garde à l'eau dont on le remplit. Si le mal n'est pas trop grave, il vous suffira de remplir votre fer de vinaigre d'alcool et de le laisser chauffer jusqu'à évaporation complète pour pouvoir l'utiliser de nouveau.

Fer forgé

• *Objets*

Pour retirer la rouille des objets n'atteignant pas de trop grandes proportions, leur faire prendre un bain de pétrole pendant quelques heures et les frotter ensuite avec un chiffon.

• *Ferrures*

Mieux vaut, dans la mesure du possible, enlever les ferrures qui décorent un meuble avant d'en entreprendre le nettoyage. Ainsi, vous pourrez nettoyer également les parties de bois sur lesquelles elles portent.
Si un trempage prolongé dans du pétrole ne suffit pas, frottez ces ferrures avec de la laine d'acier trempée dans celui-ci et faites-les briller avec un mélange de cendres et d'huile.

Fermeture à glissière

• *Entretien*

Elle risquera beaucoup moins facilement de se coincer et

sa durée sera prolongée si vous prenez le soin de l'enduire d'un peu de vaseline après chaque lavage.

- *Coincée*

La solution la plus connue est de la frotter avec du savon sec, mais cela marche aussi bien avec une mine de crayon.

- *Curseur*

Ne la changez pas à cause d'un curseur cassé puisqu'un tombone le remplacera très bien.

- *Dans le dos*

Vous pourrez la remonter même si vous êtes seule en prenant la précaution d'attacher à son curseur un ruban ou même un simple morceau de fil.

- *Couleur*

Il n'est pas toujours facile d'assortir la couleur d'une fermeture à glissière à celle d'un tissu. Je vous conseille alors d'en acheter une d'un ton un peu plus foncé, et de l'éclaircir en la passant dans un bain d'eau javellisée.

Feu

S'il montre des signes de faiblesse, ravivez-le en y jetant une poignée de bouchons de liège ou de gros sel.

Feuilles mortes

- *Ramassage*

Votre tâche sera grandement facilitée si vous garnissez la fourche dont vous vous servez d'un bout de grillage tendu entre les dents.

Ficelle

Avant de faire un paquet, tremper la ficelle rapidement dans de l'eau afin qu'en séchant elle se resserre et se tende parfaitement.

Fil

• *Sens*

Veiller à toujours enfiler dans le chas de l'aiguille l'extrémité libre du fil que l'on vient de couper. Si l'on fait l'inverse, le fil risque de faire des nœuds.

• *Aiguillée*

Même les plus maladroites réussiront à enfiler sans difficulté un fil dont on a trempé l'extrémité dans un peu de vernis à ongles incolore.

• *De lin*

Plus solide que le fil de coton, il présente l'inconvénient de ne pas glisser facilement. Pour remédier à cela, mettez un tout petit peu d'encaustique sur votre pouce et votre index et pincez en faisant courir le fil entre vos doigts.

Fil électrique

• *Fixation*

Il est très difficile de fixer un fil électrique le long d'un mur en béton, celui-ci offrant une grande résistance aux attaches habituelles. Résolvez ce problème en utilisant d'étroites bandes découpées dans de l'adhésif double face. De plus, vous pourrez donner à ces bandes la largeur exacte du fil, ce qui les rendra pratiquement inapparentes.

• *Torsadé*

A force de manipuler chaque jour un rasoir électrique, un fer à friser, un moulin à café... leur fil souple se torsade et s'emmêle. Pour le détorsader, faites-le glisser en le maintenant tendu sur un objet aux arêtes arrondies. Une poignée de porte convient très bien.

• *Dénudé*

Lorsqu'on essaie de dénuder l'extrémité d'un fil électrique souple en se servant d'un couteau, on coupe souvent plusieurs brins de cuivre en sectionnant la gaine. En revanche, si on la chauffe dans la flamme d'un briquet ou d'une allumette, elle se laissera couper à la main sans résistance et sans dommage pour les fils de cuivre.

Flacon

• *Récupération*

Des flacons de parfum ou d'eau de toilette vides parfumeront votre lingerie, vos draps ou vos mouchoirs si vous les glissez, ouverts, dans vos armoires ou vos tiroirs.

Flambage

Pour qu'il soit réussi, deux conditions :

θ→ Faire chauffer l'alcool avant de l'enflammer ;

θ→ Le verser déjà en flammes sur les plats à flamber, sinon il se mélange aux sauces en laissant un parfum trop fort.

Fleurs

• *Cueillette*

Évitez de les cueillir le soir, car elles seraient gorgées de sève. Faites-le de préférence le matin.

• *Transport*

Pour qu'elles ne souffrent pas en cours de voyage, deux possibilités :

θ→ Les mettre à l'abri dans un sac de plastique percé de trous leur permettant de respirer ;

θ→ Ou bien faire des trous dans de grosses pommes de terre crues et y piquer les tiges des fleurs.

• *Coupées*

θ→ N'hésitez pas à leur faire prendre un bain et profitez de ce qu'elles sont complètement immergées pour en couper les tiges. L'eau circulera beaucoup plus facilement dans celles-ci.

θ→ Ne laissez jamais leurs feuilles tremper dans l'eau du vase qu'elles pollueraient rapidement.

θ➔ Si vous le pouvez, remplissez vos vases avec de l'eau de pluie car le calcaire ne convient pas du tout aux fleurs.

θ➔ Renouvelez l'eau tous les jours, et rincez les tiges sous le robinet avant de les couper un peu.

θ➔ Essayez de faire en sorte que l'eau dans laquelle vous les plongez soit à température ambiante.

• *Tiges*

θ➔ Il est préférable de couper les tiges avec un couteau plutôt qu'avec une paire de ciseaux, et je vous recommande non seulement de les tailler en biseau, mais de pratiquer une fente de deux ou trois centimètres à leur base.

θ➔ Il peut parfois être nécessaire d'allonger les tiges de certaines fleurs. En enfilant chacune d'elles dans de la paille avant de composer votre bouquet de fleurs des champs, vous y parviendrez très facilement.

• *En hiver*

Vous pourrez émerveiller vos amis en ayant tout l'hiver des fleurs pour décorer votre appartement en vous livrant à ce petit travail : mettre dans un seau d'eau chaude quelques branches coupées de forsythia ou de tout autre arbuste. Il suffit d'envelopper hermétiquement le tout dans un sac de matière plastique pour voir des bourgeons apparaître très rapidement.

• *Artificielles*

θ➔ Si elles sont lavables : une eau savonneuse tiède leur conviendra parfaitement.

θ➔ Non lavables : enfermez-les dans un sac en compagnie d'un peu de sel fin et secouez énergiquement avant de les en ressortir.

Fleurs séchées

• *Préparation*

Pour obtenir des fleurs séchées, procurez-vous du sable blanc et remplissez-en un grand récipient, dans lequel vous aurez auparavant placé vos fleurs. Le but recherché est de recouvrir complètement celles-ci avec le sable, que vous prendrez bien sûr la précaution de verser doucement. Au bout de trois ou quatre semaines, vous pourrez composer votre bouquet.

• *Bouquet*

Vaporisez-le de temps en temps de laque à cheveux, il sera à l'abri de la poussière.

Foie

• *Moelleux*

Il le sera si vous le faites tremper dans du lait pendant une ou deux heures.

• *Conservation*

Plutôt que d'envelopper une tranche de foie dans du papier, que vous aurez du mal à décoller ensuite, immergez-la dans de l'huile et laissez-la en attente dans votre réfrigérateur. Elle ne se desséchera pas et gardera sa souplesse.

Fond de teint

• *Choix*

θ→ C'est en en mettant une touche sur la peau de l'intérieur de votre poignet que vous testerez le mieux la couleur d'un fond de teint.

θ→ Sous un éclairage au néon, je vous conseille de penser à mélanger du rose à votre fond de teint habituel.

• *Application*

θ→ Pour qu'il tienne toute une soirée, faites glisser délicatement et rapidement un glaçon sur votre fond de teint. Bien laisser sécher avant de poudrer.

θ→ Pour dissimuler une mine triste, mettez un très léger nuage de poudre incolore avant d'appliquer votre fond de teint.

θ→ Pour que la chaleur n'ait pas de prise sur votre fond de

teint, tapotez votre visage (après l'avoir maquillé) avec un coton imbibé d'eau de roses.

• *Taches*

Un tampon imbibé d'éther en fera disparaître les taches de vos cols de robes ou de chemisiers. Laver ensuite à l'eau savonneuse pour faire disparaître l'auréole.

Fondue bourguignonne

Si vous disposez dans le caquelon contenant l'huile bouillante une branche de persil, vous neutralisez les projections qui risquent de brûler vos convives.

Fonte

Nous redécouvrons les bienfaits des marmites en fonte de nos grand-mères. Si vous êtes gêné par le goût qu'elles donnent aux aliments lorsqu'elles sont neuves, neutralisez celui-ci en y faisant bouillir du lait avec des pommes de terre.

Forets

Lorsqu'on utilise un foret pour percer un tube (ou d'une manière générale une pièce à double paroi), il risque de casser au moment où il débouche brutalement et frappe contre la seconde paroi. Pour pallier cet inconvénient, engager sur le foret un morceau de tube en caoutchouc ou en matière plastique. Il constituera une butée de profondeur et un amortisseur.

Foulard

• *En soie*

Pour qu'il ne déteigne pas au lavage, ajoutez du vinaigre dans sa dernière eau de rinçage et laissez-le sécher dans une serviette éponge.

Four

S'il a tendance à dessécher les rôtis ou volailles, placez-y pendant la cuisson un petit récipient rempli d'eau.

Fourmis

• *Jardin*

De multiples solutions sont à votre disposition pour les éliminer, en voici quelques-unes, très faciles à appliquer :

- Arroser d'un mélange d'eau putride et de sciure de bois ;
- Du pétrole dilué sur les pelouses atteintes et les fourmilières et vous en serez débarrassé ;
- Les fourmis détestent les feuilles de noyer. Entassez-en quelques brassées sur leur parcours habituel et près de leur fourmilière ;
- Elles fuiront également si vous dessinez des traînées de sel dans leur passage favori.

• *Placard*

- Vous pouvez tout simplement y placer une poignée de cerfeuil pour les en chasser.
- Si vous lavez soigneusement vos placards avec une décoction de feuilles ou de fleurs de noyer, les fourmis n'y viendront plus.
- On obtient également de très bons résultats en faisant macérer une grosse poignée de lavande dans du vinaigre d'alcool blanc.

Fourrure

• *Précautions*

- Pour être assurée de ne pas mettre vos mains dans les poches de votre manteau ou de votre veste de fourrure, cousez-les, sinon elles se déformeront très rapidement.
- Évitez, autant que faire se peut, une position assise prolongée qui nuirait à votre fourrure.

→ Glissez le plus souvent possible un foulard dans l'encolure de votre fourrure, cela vous évitera d'en salir le col.

→ Ne vaporisez jamais de parfum sur celle-ci.

• *Entretien*

→ Pour une fourrure claire : saupoudrez-la de talc et frottez avec la paume de la main. Secouez ensuite pour éliminer la poudre.

→ Pour une fourrure foncée : remplacez le talc par du sable de mer ou de la sciure de bois de cèdre, chauffé à sec au four ; laissez refroidir avant de secouer le vêtement.

• *Rangement*

Une fois nettoyée, la saupoudrer de poivre moulu et l'envelopper hermétiquement dans du papier journal.

• *Poils*

Si votre manteau ou votre veste commence à perdre ses poils, pas d'hésitation : enfermez-le (la) quelques heures dans votre congélateur.

• *Brillant*

Votre fourrure sera plus brillante si vous la frottez de temps en temps avec un tampon de velours.

Fraises

• *Nettoyage*

Vous pourrez très facilement débarrasser du sable ou de la terre qui les souillent les fraises que vous voulez déguster en les enfermant dans une mousseline mouillée et en secouant à plusieurs reprises. Le sable et la terre resteront attachés à la mousseline.

• *Congélation*

Pour une bonne congélation, saupoudrez-les de sucre en poudre et placez-les dans votre congélateur bien à plat (ne les superposez surtout pas).

• *Décongélation*

Il est indispensable, au sortir du congélateur, de les placer d'abord dans votre réfrigérateur et de les recouvrir de sucre en poudre. Elles garderont ainsi leur aspect de fruits frais.

Frites

• *Préambule*

Pour qu'elles soient parfaitement réussies, deux règles absolues :

- Elles doivent être de même taille afin d'obtenir une cuisson homogène;
- Ne jamais les plonger dans la friture avant qu'elles soient parfaitement sèches, car cela équivaudrait à utiliser un corps gras contenant de l'eau.

• *Non collantes*

Plutôt que de les laver à l'eau froide, lavez-les à l'eau tiède. L'excès de fécule se trouvera ainsi éliminé.

• *Blancheur*

Si vous les épluchez à l'avance, laissez-les dans l'eau ou, mieux encore, enveloppez-les dans un torchon qui les abritera de l'air.

• *Suggestion*

Pour donner à vos frites un petit goût original, plongez dans l'huile de friture quelques gousses d'ail non épluchées mais incisées tout simplement à l'aide d'un couteau.

Friteuse

Si la vôtre ne possède pas de thermostat, voici trois trucs pour contrôler la température de votre bain :

- Plongez-y un morceau de pâte à beignet; lorsqu'il remontera à la surface, ce sera le signe que l'huile aura atteint la bonne température;
- Procédez de même avec deux ou trois grains de maïs

crus et secs; quand ils éclatent, la bonne température est acquise;

θ→ Un morceau de mie de pain, traité de la même manière, remonte à la surface au même moment.

Friture

• *Qui déborde*

Y jeter un oignon tout simplement, et elle se calmera.

• *Déchets*

Faire chauffer le bain de friture, y jeter un blanc d'œuf cru qui, en cuisant, absorbera tous les déchets indésirés.

• *Odeurs*

Pour que toute la maison n'en soit pas imprégnée, mettre une branche de persil dans le bain quand il commence à chauffer.

Froid

Économisez de l'énergie en prenant l'habitude, lorsque vous faites votre lit, de placer une couverture de laine sous le drap de dessous et une autre sur le drap du dessus. Ainsi couchés entre ces deux couvertures, je vous assure que vous serez à l'abri du froid.

Fromage

• *Râpé*

Pour râper du fromage à la main sans être obligé de nettoyer votre planche de travail lorsque vous avez terminé, glissez la râpe dans une poche de plastique assez grande pour pouvoir y passer la main et le fromage.

• *Conservation*

Les fromages que vous vous appliquez à garder bien à l'abri de l'air en les plaçant sous cloche transpirent. Des petites gouttes perlent à la surface de leur pâte, et c'est très désagréable.

Cela ne se produira plus si vous placez, sous cloche également, un simple morceau de sucre.

- *Restes*

Ne jetez pas de petits restes de fromage puisque écrasés dans une sauce vinaigrette, ils agrémenteront vos salades.

Fronces

- *A la machine*

Même si votre machine n'est pas équipée du dispositif pour faire des fronces, sachez qu'en faisant un point de piqûre une fois la machine réglée sur le point le plus long, vous y parviendrez sans peine. Il vous suffira de tirer sur le fil du dessous pour obtenir les fronces souhaitées.

Fruits

- *Taches sur tissu grand teint*

Avant de le faire tremper dans un bain d'eau javellisée, immergez-le dans de l'eau additionnée d'ammoniaque.

- *Taches sur tissu de couleur*

Quatre produits que vous connaissez bien pourront faire disparaître ces taches :

- L'alcool à 90° ;
- L'eau oxygénée à vingt volumes additionnée de quelques gouttes d'ammoniaque ;
- Quelques gouttes d'alcali diluées dans de l'eau tiède ;
- Et, au risque de vous surprendre... du lait tourné. Après l'avoir laissé en contact avec la tache pendant deux ou trois heures, laver le tissu.

- *Taches sur tissu synthétique*

Après avoir placé la partie tachée sur un linge absorbant, frotter avec un tampon de coton imbibé au choix :

- De jus de citron ;
- De vinaigre blanc ;
- Ou encore d'eau légèrement ammoniaquée.

- *Taches sur tissu de soie ou de laine*

Même précaution que précédemment en ce qui concerne le linge absorbant, puis tamponner la tache avec du vinaigre blanc.

- *Taches sur les mains*

Le vinaigre fait disparaître très facilement les taches de fruits sur les mains.

Fumée

Ne recevez plus vos amis dans une pièce enfumée (même s'ils en sont en grande partie responsables), puisqu'il existe deux trucs pour l'éviter :

⇸ Placer une éponge imprégnée d'eau dans une coupelle ;

⇸ Allumer des bougies et les placer à bonne distance du sol, sur vos meubles par exemple.

G

Galons

• *Lavables*

Il est indispensable de laver et de repasser des galons destinés à être cousus sur un support (drap, rideau...) sinon, une fois cousus, ils feraient inévitablement froncer le tissu qu'ils décorent.

• *Non lavables*

Les frotter avec un tampon de tissu imprégné d'un mélange d'alcool à 90° et d'ammoniaque en parties égales.

Gants

• *Entretien*

D'une manière générale, l'ennemi numéro un des gants, c'est la transpiration des mains. Vous en limiterez les conséquences si vous talquez régulièrement l'intérieur de vos gants.

Gants de peau

• *Nettoyage*

Le meilleur procédé fait appel à de la sciure de bois. La faire chauffer à four doux, puis sans la laisser refroidir, y plonger les gants que l'on frottera jusqu'à ce qu'ils soient propres.

- *Qui déteignent*

Tout comme pour les chaussures, il suffit d'imbiber un coton d'alcool à brûler, de retourner les gants à l'envers et de passer ce coton sur toute leur surface. Attendre qu'ils soient secs avant de les retourner.

Gants blancs

Si vous veillez à les ranger dans un endroit où ils ne seront pas exposés à la lumière, et si vous prenez la précaution de les saupoudrer de talc, vous en éviterez le jaunissement.

Gants de caoutchouc

- *Protection*

Vous pouvez agir de deux façons pour éviter qu'ils ne se déchirent à l'extrémité de leurs doigts :

→ Après les avoir retournés à l'envers, renforcer le bout de chaque doigt avec un petit morceau de sparadrap ;

→ Ou encore, mettre tout simplement, dans le fond de chaque doigt, un petit morceau d'ouate.

- *Utilisation*

Quoi de plus désagréable que de l'eau qui s'infiltre à l'intérieur des gants de caoutchouc ? Pour que cela ne vous arrive plus, il suffit que vous vous serviez, comme d'un bracelet, d'un élastique qui resserrera le gant autour de votre poignet.

Gâteau

- *Moule*

Savez-vous qu'un peu de sel répandu dans le four, sous vos moules à gâteaux, les empêchera de brûler ?

- *Doré*

Pour mémoire, rappelons-nous que le jaune d'œuf donne de très bons résultats, mais que l'on obtient également toute satisfaction en badigeonnant un gâteau avec une ou deux cuillerées de lait.

- *Cuisson*

ɵ› N'oubliez pas qu'il ne faut jamais rajouter de l'alcool à un gâteau avant la fin de la cuisson;

ɵ› Pour qu'il gonfle, contentez-vous de passer sur tout son pourtour, avant de l'enfourner, une lame de couteau que vous venez de plonger dans de l'eau froide;

ɵ› Vous saurez s'il est cuit, si après avoir enfoncé dans son centre une lame de couteau, elle en ressort sèche.

- *Démoulage*

Les solutions pour obtenir un démoulage facile sont simples et nombreuses, il suffit d'un peu de prévoyance :

ɵ› Après avoir beurré le moule, le saupoudrer de sucre en poudre;

ɵ› Poser sur le moule, avant de l'enfourner, un couvercle qui permettra à la vapeur dégagée en cours de cuisson d'empêcher la préparation de coller aux parois du moule.
Si ces conseils arrivent trop tard, essayez l'un de ces deux trucs pour un démoulage sans problème :

– Enveloppez le moule dans un linge mouillé et laissez agir quelques minutes;

– Posez sur le moule, sitôt sorti du four, un linge plié en quatre. Laissez agir quelques minutes en posant l'ensemble sur une surface froide.

- *Entamé*

Pour éviter le dessèchement de la tranche d'un gâteau entamé, vous pouvez l'envelopper de papier d'aluminium ménager ou encore y placer une tranche de pain de mie, que vous fixerez à l'aide d'un petit bâtonnet (cure-dent ou allumette).

Gel

- *Protection*

Pour éviter que vos canalisations de W.C. gèlent, jetez dans la cuvette un litre d'eau additionnée de quarante grammes de gros sel marin. Outre une protection contre le gel, ce procédé a l'avantage d'exercer une action antiseptique.

Gelées

- *Fruits*

Elles auront une bien meilleure tenue si vous pensez à ajouter quelques fruits verts aux fruits mûrs dont vous vous servez.

Genoux

- *Protection*

Il arrive assez souvent que l'on soit obligé de s'agenouiller sur un sol dur, lisse ou inégal, pour exécuter un travail. Cette position est très rapidement fatigante et même douloureuse. Ce ne sera plus le cas si vous utilisez une plaque de polystyrène que vous placerez sur le sol avant de vous agenouiller.

Gigot

Pour relever et aciduler le goût d'un gigot, je l'arrose avec un peu de vinaigre de vin délayé dans de l'eau froide.

Givre

- *Surfaces vitrées*

L'eau salée constitue une excellente solution pour venir à bout du givre qui s'est fixé sur une surface vitrée (voir aussi Pare-brise).

Glaçage

- *Gâteau*

La prochaine fois que vous devrez glacer un gâteau, plutôt que d'ajouter de l'eau au sucre glace, remplacez celle-ci par du lait. Votre glaçage sera plus épais.

Glaces (pâtisserie)

Elles prendront plus vite si vous placez le récipient devant les contenir au freezer. Il sera ainsi à la bonne température lorsque vous y verserez la préparation.

Même si vous ne disposez pas d'une sorbetière électrique, vous pouvez très bien éviter la formation des petits cristaux qui crissent sous les dents en ajoutant tout simplement quelques gouttes de jus de citron. Vous obtiendrez également un très bon résultat en ajoutant un peu de beurre fondu.

Glaces (Vitres, voir aussi Miroir)

• *Rayures*

Ne considérez plus comme une fatalité l'apparition de rayures sur vos glaces, puisqu'il est possible de les faire disparaître en les frottant avec un tampon de flanelle humecté d'huile et de rouge d'Angleterre. Vous insisterez plus ou moins selon la profondeur des rayures.

Glaçons

• *Décoratifs*

On trouve maintenant dans le commerce des glaçons aux très jolies couleurs qui refroidissent une boisson sans pour autant l'allonger d'eau. Savez-vous que vous pouvez vous inspirer de cet exemple et obtenir un résultat équivalent en faisant congeler des petits fruits tels que des groseilles à maquereaux, des cerises ou des petites prunes ?

• *Originaux*

Réjouissez vos enfants en préparant à leur intention des glaçons leur permettant d'obtenir rapidement et joliment une boisson aromatisée à leur parfum préféré. Il suffit de verser une goutte de sirop d'orange, de menthe, de grenadine... dans l'eau des glaçons.

Une autre idée : avant de verser l'eau, prévoir pour chaque glaçon, selon ce dont vous disposez, un raisin sec, une feuille de menthe, de l'angélique, un petit bout de zeste d'orange ou de citron...

• *Démoulage*

Ils ne colleront jamais si vous les laissez tout simplement fondre un peu d'eux-mêmes. En effet, c'est le fait de les passer sous l'eau pour les démouler qui les soude les uns aux autres.

• *Conservation*

Ils attendront l'arrivée de vos invités sans coller si vous les arrosez d'eau gazeuse ou les saupoudrez de sel fin. Est-il utile de vous préciser de les rincer avant de vous en servir ?

Gomme

θ→ Pour la débarrasser d'une partie de ses salissures, il est souvent suffisant de la frotter énergiquement sur un tissu rugueux.

θ→ Pour un vrai nettoyage, faites-la tout simplement tremper dans votre eau de lessive. Elle en ressortira neuve.

Gouaches

Le temps, la lumière et la poussière ternissent les tableaux peints à la gouache, à moins que vous ne passiez sur le verre qui les protège une solution de sulfate de quinine, que vous achèterez chez votre droguiste.

Goudron

• *Taches sur la peau*

Ne faites rien, n'essayez pas de les faire disparaître avant de les avoir enduites de la matière grasse de votre choix. Vous frotterez alors avec un tampon de coton et terminerez en lavant à l'eau chaude.

• *Taches sur tissu*

θ→ S'il s'agit de taches peu importantes, un peu de dissolvant à ongles suffira.

θ→ Sinon, après avoir enlevé le plus possible de goudron, enduire le reste d'un corps gras, le laisser pénétrer. Enlever le tout à l'aide d'un solvant et terminer en saupoudrant de talc ou de terre de Sommières. Sécher et brosser.

Graines

• *Petites*

Il n'est pas toujours aisé de jouer les semeurs, surtout quand il s'agit de petites graines que l'on risque fort de semer trop dru. Résolvez ce problème en mélangeant un peu de sable sec à ces graines, et vous obtiendrez le résultat escompté.

Graisse

• *Projections*

Même si l'on prend toutes les précautions possibles pour éviter au maximum la projection de particules de graisse, il s'en fixe malgré tout un peu partout dans la cuisine. Le produit miracle pour les supprimer d'un simple coup de chiffon existe, vous le connaissez bien : c'est l'alcool à brûler.

• *Taches sur lainage*

Pas d'autre solution que d'absorber cette graisse en couvrant la tache par exemple de terre de Sommières, que l'on laisse en contact aussi longtemps que nécessaire.

• *Taches sur soie*

Même principe que pour les lainages, mais dans le cas de la soie, je vous conseille de remplacer la terre de Sommières par du talc, et de terminer en repassant les taches à fer doux, en les ayant recouvertes auparavant d'un papier de soie.

• *Taches sur tapis*

Avec toutes les précautions d'usage, c'est le trichloréthylène qui donne les meilleurs résultats. N'oubliez pas de terminer en saupoudrant de talc ou de terre de Sommières et, si vous êtes pressé, repassez à fer doux, en intercalant une feuille de papier de soie entre le fer et la partie traitée.

• *Taches sur velours*

Retirer une tache de graisse sur du velours nécessite souvent l'intervention d'un spécialiste, et personnellement je ne le fais moi-même que si je dispose d'un peu de sable. Dans ce cas, étaler du sable chaud sur la tache, et frotter à l'aide d'une petite brosse.

• *Taches sur cuir*

Tout en émettant les mêmes réserves que pour le velours, on obtient de bons résultats en appliquant sur la tache une pâte faite d'alcool à brûler et de craie pilée.
Une fois cette pâte sèche, on brosse délicatement.

• *Taches sur le papier*

Nous retrouvons le talc et la terre de Sommières, en ayant également la possibilité d'utiliser du plâtre fin.
Quel que soit le corps absorbant dont vous disposez, le principe est le même : après avoir glissé une feuille de papier buvard ou de soie sous la tache, saupoudrez-la, recouvrez de nouveau avec un buvard ou du papier de soie et, au choix : posez sur le tout quelque chose de lourd et laissez faire le temps en changeant régulièrement le papier absorbant, ou si vous êtes pressé, repassez à fer doux.

A signaler qu'en imbibant la tache d'éther et en la plaçant immédiatement entre deux buvards, on obtient rapidement sa disparition.

• *Taches sur papier peint*

Si la tache est fraîche, on l'enlève très facilement avec un peu de talc, quitte à repasser en intercalant un buvard.

Si elle est ancienne, quand le mal n'est pas trop important, l'humecter avec un peu d'éther et un tampon de coton.

Dans le cas contraire, humecter de benzine un peu de terre de Sommières et appliquer la pâte obtenue sur les taches à retirer. Terminer en repassant, sans oublier d'intercaler une feuille de buvard.

• *Taches sur plancher*

Imprégnez la tache de votre solvant habituel, saupoudrez de terre de Sommières ou de talc, posez un buvard sur le tout et repassez à fer doux. Renouvelez l'opération jusqu'à disparition complète des taches.

• *Machine à coudre*

Il n'est malheureusement pas rare qu'une tache de graisse vienne maculer le tissu tout neuf que l'on est en train de coudre. Dans ce cas, ne pas perdre de temps, puisque l'on a à disposition de quoi intervenir rapidement : râper un peu de craie de tailleur au-dessus de la tache, recouvrir d'un papier ou tissu absorbant et laisser en contact jusqu'à disparition complète.

Gratin

• *A la braise*

Ne renoncez plus à faire gratiner un plat sous prétexte qu'il est impossible de le faire à la braise. En effet, si vous recouvrez le plat d'une tôle elle-même recouverte de braises incandescentes, vous obtiendrez toute satisfaction.

• *Rattrapage*

Si vous l'avez oublié dans votre four, et qu'à la couleur dorée souhaitée s'est substituée une couleur sombre qui ne laisse aucun doute sur l'étendue de la catastrophe, tout n'est pas perdu : retirez délicatement la pellicule brûlée, versez sur le dessus de votre gratin quelques cuillerées de crème fraîche ou de sauce béchamel, parsemez de fromage râpé et remettez le tout quelques instants dans votre four.

Gravures

• *Jaunies ou piquées*

Il est très rare que des gravures anciennes n'aient pas eu à souffrir de l'humidité ou de la lumière. Pour réparer ce mal, le seul moyen efficace consiste à les frotter légèrement avec de l'eau javellisée dans les proportions suivantes : une partie d'eau de Javel pour cinq parties d'eau. On rince ensuite à l'eau claire avant de faire sécher les gravures entre deux buvards. Si l'on n'obtient pas pleine satisfaction, on peut ajouter au mélange précédent un peu d'eau oxygénée.

Grillades

• *Au four*

Votre cuisine ne sera plus enfumée lorsque vous ferez une grillade au four si vous mettez une coupelle d'eau froide dans le fond du plat devant se glisser sous le grill.
L'eau absorbera graisses et fumées.

Gruyère

• *Conservation*

Plus que tout autre fromage, le gruyère sèche très vite et risque même de moisir si vous l'entreposez dans le bas de votre réfrigérateur, sans autre forme de procès. En revanche, si vous l'enveloppez dans un morceau de tissu de coton préalablement trempé dans du lait et bien essoré, il se conservera parfaitement.

Vous pouvez d'ailleurs remplacer le lait par de l'eau salée mais, dans un cas comme dans l'autre, vous n'obtiendrez un résultat parfait qu'à condition de changer le tissu dès qu'il est sec.

Voir aussi : Fromage (conservation).

• *Rattrapage*

Un morceau de gruyère desséché retrouvera une nouvelle fraîcheur si vous le laissez enveloppé de manière hermétique dans un tissu trempé dans du vin blanc. Au bout de quelques heures, il sera de nouveau consommable.

Guêpes

Chacun sait qu'elles adorent le miel, et qu'elles tomberont donc dans le piège qui consiste à disposer des bouteilles remplies d'eau miellée là où on veut les attirer.

Gueule de bois

Pour les lendemains de fête, qui vous laissent la tête lourde et le cœur au bord des lèvres, un remède radical : prendre à jeun le mélange suivant : un demi-verre d'huile d'olive, un jus de citron, une cuillerée à café de crème fraîche et agrémentez le tout d'un jaune d'œuf sucré. Le seul vrai problème est de savoir si l'on préfère rester dans un état second ou trouver le courage d'avaler cette mixture.

H

PETIT DICTIONNAIRE DES TRUCS

Haleine

En croquant des grains de café ou en suçant un clou de girofle, plus de problème.

Harengs

- *Dessalage*

Vous les dessalerez sans difficulté en leur faisant prendre un bain plus ou moins prolongé dans du lait cru.

- *Conservation*

Plat populaire, délicieux et fort apprécié : les harengs-pommes à l'huile. Seul inconvénient : dès que l'on veut les garder au réfrigérateur, l'huile se fige. Une astuce vous évitera cet inconvénient : utilisez de l'huile de pépins de raisin qui a la qualité de rester fluide quelle que soit la température.

Haricots

- *Eau de cuisson*

⊕ Savez-vous que l'eau de cuisson des haricots secs est une excellente lessive pour les cotonnades imprimées ?

⊕ Voir également : Détachant.

Haricots secs

• *Cuisson*

Ne redoutez plus qu'ils restent un peu durs, même si vous avez respecté le temps de cuisson, puisqu'en ajoutant un peu de bicarbonate de soude à leur eau de cuisson, vous serez assurés de leur moelleux.

• *Plus digestes*

Vous les rendrez plus légers à digérer si, après les avoir laissé bouillir pendant quelques instants, vous jetez leur première eau de cuisson et ajoutez trois cuillerées d'huile à la seconde.

• *Conservation*

Les charançons ne supportent pas l'odeur de l'ail. Conclusion : mettez-en quelques éclats dans la boîte où vous conservez vos haricots.

Herbes

• *Mauvaises*

θ→ Savez-vous que l'eau de cuisson des pommes de terre déplaît fortement aux mauvaises herbes qui envahissent votre jardin ou vos allées ?

θ→ L'eau de Javel peut également constituer un désherbant très efficace. Voici comment procéder : arroser largement la terre que vous souhaitez débarrasser de ces mauvaises herbes afin de la rendre très perméable. Ensuite, à vingt-quatre heures d'intervalle, arroser avec l'eau de Javel. Vous serez étonnés de constater avec quelle rapidité ces mauvaises herbes jauniront et se dessécheront.

• *Aromatiques*

Le procédé le plus connu pour que les herbes ne flottent pas dans la sauce d'un plat consiste à les enfermer dans un tissu très aéré, par exemple une mousseline. Une autre astuce est également possible : utiliser la petite boule de métal dont vous vous servez pour faire infuser votre thé.

Hoquet

Chacun a son truc pour stopper un hoquet tenace. En voici quelques-uns :

- Se boucher les oreilles et avaler un grand verre d'eau. N'espérez-pas y parvenir sans demander de l'aide !
- Croquer des grains de poivre ;
- Concentrer son attention sur un problème précis risquant d'entraîner des dommages, par exemple : maintenir une assiette en équilibre à l'extrémité d'un doigt.
- Personnellement, j'ai toujours constaté des résultats probants chez toutes les personnes qui avaient le courage de sucer un morceau de sucre imprégné de vinaigre.

Hortensia

Il y a vraiment des astuces qui ont de quoi surprendre. J'en veux pour preuve celle-ci : lorsqu'on enfouit des clous rouillés près des racines d'un hortensia, on en ravive très nettement la couleur bleue.

Huile

• *Conservation*

Deux conditions pour la conserver intacte :

- L'entreposer à l'abri de la lumière ;
- Y ajouter un peu de sucre.

Huile rance

• *Récupération*

- Premier point : saler de l'eau à 15 %. Chauffer ensuite (à 30°) un mélange fait de quarante parties de cette eau salée pour vingt-cinq parties d'huile rance. Secouer le tout très régulièrement, et ceci pendant un petit quart d'heure. Après avoir laissé reposer, décanter l'huile.
- Dans une bouteille d'un litre, verser de l'huile jusqu'aux deux tiers, puis ajouter un quart de litre de vinaigre. Ces

proportions vous permettront de laisser dans la bouteille un vide pour secouer et brasser efficacement le mélange. Le faire à plusieurs reprises et ceci pendant deux ou trois jours. Décanter l'huile et récupérer le vinaigre, comme produit de nettoyage.

- *Restes*

Ne jetez plus un reste d'huile rancie, il vous rendra service pour huiler une serrure ou nourrir des cuirs vernis.

Huile de friture

- *Odeur*

Pour la désodoriser, notamment après une friture de poissons, ajoutez-lui un jus de citron.

Humidité

- *Livres*

Il est indispensable de protéger de l'humidité les livres qui se trouvent sur les rayons de votre bibliothèque. Placez donc sur ces rayonnages une soucoupe remplie de chlorure de calcium, ce qui aura pour effet de déshydrater l'atmosphère.

I

PETIT DICTIONNAIRE DES TRUCS

Insectes

• *Dans le jardin*

En couvrant le sol et la racine des arbres de feuilles de tomates, vous débarrasserez ces derniers de tous les insectes nuisibles ainsi que des pucerons.

• *Dans la maison*

Une utilisation inattendue de votre laque à cheveux : en vaporiser quelques nuages et vous serez débarrassés des insectes volants qui se sont introduits dans votre maison.

Insectes écrasés

• *Taches*

→ Sur du tissu grand teint : pas d'hésitation, un bain dans de l'eau javellisée ;

→ Sur les tissus de couleur : après avoir imbibé la tache d'un peu d'eau tiède, brosser doucement avec de l'eau légèrement ammoniaquée.

Insomnies

Pour venir à bout d'une insomnie passagère, ayez recours à des moyens naturels :

→ Croquer une pomme ;

→ Manger de la laitue au dîner ;

- Prendre un bain d'eau très chaude;
- Boire un verre d'eau sucrée;
- Sans oublier, bien sûr, les infusions.

Ivoire

• *Précautions*

Le pire ennemi de l'ivoire, c'est la sécheresse de l'atmosphère dans laquelle il se trouve. Veillez donc à humidifier l'air de votre appartement, sinon vos objets en ivoire risquent de se fendiller, voire de se casser.

• *Pour le blanchir*

Un ivoire ancien et jauni par le temps a beaucoup de charme, mais il n'en demeure pas moins nécessaire de connaître les procédés permettant de le blanchir. Choisissez parmi ceux-ci celui qui vous conviendra le mieux :

- Un bain de lait suivi d'un séchage au soleil;
- Une moitié de citron trempée dans du sel fin avant d'en frotter l'ivoire à éclaircir, que vous laverez ensuite et essuierez aussitôt;
- Fabriquer une pâte faite d'un mélange de blanc d'Espagne et d'alcool à brûler; l'appliquer sur l'ivoire, essuyer sans attendre et faire briller;
- Un bain dans de l'eau oxygénée, ou dans de l'essence de térébenthine, à condition d'avoir la possibilité d'exposer ensuite l'ivoire pendant trois ou quatre jours au grand soleil.

• *Patine*

Si l'on est impatient et que l'on ne veut pas laisser à un ivoire le temps de se patiner naturellement, on peut parfaitement obtenir la coloration attendue en l'immergeant dans du café fort et sucré. Attention : surveiller de très près l'opération et essuyer immédiatement avant de polir.

J

Jade

• *Entretien*

Cette pierre fine, d'un vert plus ou moins soutenu, donne de très jolis bibelots, mais d'un entretien délicat.
⊕ Pour les protéger de la poussière, cirez-les avec une cire liquide, puis polissez avec un tissu en laine.
⊕ Lorsqu'un nettoyage s'imposera, vous le ferez avec un tampon de coton imbibé d'eau légèrement vinaigrée.

Jambon

• *Dessalage*

S'il est trop salé, faites-le tremper plus ou moins longtemps dans du lait cru.

• *Desséché*

Des tranches de jambon que l'on n'a pas pris la précaution d'envelopper soigneusement dans du papier d'aluminium ménager se dessèchent et durcissent très rapidement. Pour pouvoir les consommer, rendez-leur leur fraîcheur en les laissant tremper dans du lait.

• *Moisi*

Le fait que du moisi se soit formé sur la croûte d'un jambon ne signifie pas pour autant qu'il faille renoncer à le consommer. Il est pourtant préférable d'éliminer ce moisi en le frottant avec un linge imbibé d'une pâte faite de sel et d'eau.

Jeans

Tout le monde en porte et tout le monde se plaint de ce qu'ils déteignent régulièrement au lavage. Pourtant, si lorsqu'ils sont neufs, vous les laissez tremper pendant au moins douze heures dans de l'eau froide fortement salée, leur couleur en sera fixée.

Journaux

• *Utilisation*

En règle générale, suivez l'exemple de nos grand-mères, ne les jetez pas. Entre autres usages, ils vous serviront à faire une économie de chiffons, notamment lors du nettoyage des cuivres. Si vous n'avez jamais essayé, voici comment procéder : après avoir passé votre produit habituel ou à défaut du sable fin sur vos chaudrons, frottez-les avec une moitié de citron. C'est alors que vous ferez briller vos cuivres avec ces vieux journaux que vous aurez bouchonnés. Vous serez surpris du brillant obtenu.

• *Récupération*

Voir : Bûches.

Jupe

• *Arrondi*

Pour régler vous-même l'arrondi de votre jupe, vous aurez besoin de deux chaises et d'une ficelle. Après avoir décidé de la hauteur de votre jupe, tendez à cette hauteur une ficelle entre deux chaises, frottez-la avec une craie et, après avoir enfilé votre jupe, tenez-vous bien droite et tournez sur vous-même, en veillant à ce que la jupe soit toujours en contact avec la ficelle. La hauteur de l'ourlet sera définie par un trait de craie.

• *Droite*

Mode rétro, épaulettes, jupes droites. Vous avez décidé de vous confectionner vous-même une jupe droite à moindre frais puisque cela ne nécessite que peu de tissu. Mais la jupe droite a les inconvénients de ses avantages, elle « poche » surtout si vous êtes assise toute la journée derrière un bureau. Une astuce pour minimiser le risque : placer le côté de la lisière du tissu le long de la couture du dos.

L

Lacets

Il est très difficile et très énervant de passer dans des œillets des lacets dont l'embout est arraché. En trempant le bout des lacets dans du vernis incolore, on tourne la difficulté.

Lainages

- *Rinçage*

L'idéal serait de pouvoir les laver dans une eau non calcaire. Malheureusement, c'est rarement possible, et pour pallier cet inconvénient, n'oubliez pas d'ajouter une cuillère à soupe de vinaigre d'alcool non coloré dans la dernière eau de rinçage.

- *Séchage*

On ne doit jamais faire sécher un lainage en se contentant de le suspendre car il se déformerait inévitablement.

θ→ Si l'on n'est pas pressé, se contenter après l'avoir enroulé dans une serviette éponge, de le laisser sécher bien à plat.

θ→ Pour agir plus rapidement, utiliser un collant dont on enfilera chaque jambe dans une manche du pull-over. On fixera le tout à l'aide d'épingles à linge qui seront accrochées à l'extrémité des jambes et à la ceinture du collant.

θ→ Voir également : Essorage.

• *Feutrés*

C'est généralement parce que l'on n'a pas respecté une température équivalente entre l'eau de lavage et celle du rinçage d'un lainage que celui-ci feutre. Deux solutions pour pouvoir porter de nouveau ce lainage :

ϑ→ Après l'avoir laissé tremper pendant 48 heures dans de l'eau non calcaire, le laver normalement dans de l'eau savonneuse tiède. Rincer à la même température, puis l'immerger dans un bain composé de quatre cuillerées à soupe d'acide tartrique pour un litre d'eau. L'y laisser pendant cinq à six heures, puis rincer et faire sécher avec toutes les précautions d'usage.

ϑ→ Lavez-les dans de l'eau tiède additionnée de glycérine, puis rincez à même température.

Lainages noirs

• *Défraîchis*

Rénovez-les en les lavant tout simplement dans l'eau de cuisson de vos épinards.

Laines

• *Différentes*

Lorsque vous avez entrepris de réaliser à la main un tricot comportant des laines de couleurs différentes, voici un truc pour qu'elles ne s'emmêlent plus. Placez les pelotes dans un sac en plastique percé d'autant de trous que de laines différentes. Passez le fil de chaque pelote dans l'un des trous et vous pourrez tricoter tranquille.

• *Détricotées*

Pour qu'elles ne frisent plus, plusieurs méthodes :

ϑ→ Passer l'extrémité de la laine par le couvercle d'une bouilloire et la faire ressortir par son bec. La vapeur d'eau qui se dégagera de l'eau en ébullition dans la bouilloire défrisera la laine au fur et à mesure que vous tirerez sur l'extrémité sortant du bec ;

ϑ→ Choisir un objet tel qu'une bouteille ou un plateau et enrouler la laine à défriser autour de celui-ci, en la maintenant bien tendue. Immerger le tout dans de l'eau tiède, laisser tremper une demi-heure et ne reconstituer les pelotes qu'une fois la laine parfaitement sèche;

ϑ→ Au fur et à mesure que vous détricotez un lainage, faire passer la laine sur une patte-mouille et la repasser aussitôt avec un fer chaud.

Lait

- *Qui déborde*

Voir : Anti-monte-lait.

- *Cuisson*

ϑ→ Pour qu'il n'attache plus au fond de la casserole, ayez le réflexe de la rincer sans l'essuyer avant d'y verser le lait.

ϑ→ Pour stabiliser à la cuisson un lait qui menace de tourner, ajoutez-lui une cuillerée à café de sucre en poudre.

- *Brûlé*

Pour en supprimer l'odeur très désagréable, étendre sur la casserole de lait brûlé encore très chaud un linge propre et mouillé.

Lait en poudre

Pour lui redonner le goût du lait frais, ajoutez une pincée de sel à l'eau que vous utilisez.

Lait démaquillant

Si vous en manquez, n'hésitez pas à utiliser du lait de vache. C'est un produit très doux et efficace.

Laitue

- *Fanée*

Même fanée, ne la jetez pas, car en lui faisant prendre un bain dans l'eau chaude, ses feuilles retrouveront leur fraîcheur. Rincez-la à l'eau froide avant de l'assaisonner.

• *Suggestion*

Avez-vous déjà essayé d'ajouter une petite feuille de menthe à une salade de laitue ? C'est délicieux.

Lames de rasoir

Même usagées, elles rendent de multiples services aux bricoleurs. Le seul problème est de pouvoir s'en servir sans risques de coupures. Pour ce faire, vous pouvez :

θ→ Soit faire une fente dans un bouchon de liège et y enfoncer la moitié de la lame ;

θ→ Soit mettre un bouton-pression dans le trou central de celle-ci.

Lapin

• *Civet*

θ→ Versez un filet de vinaigre dans le sang que vous ajouterez à votre civet pour l'empêcher de coaguler ;

θ→ Trois cuillerées à soupe de café très fort dans le vin de cuisson améliorent le goût du civet.

Laque

• *Peinture*

Pour obtenir une porte impeccablement laquée, passez d'abord deux couches mates avant la couche brillante.

• *A cheveux*

Pour vous assurer de la légèreté d'une laque à cheveux, en vaporiser un nuage sur une vitre et l'essuyer immédiatement avec un chiffon. Si aucune trace ne subsiste, soyez rassurée, personne ne verra que vous avez fait tenir votre coiffure avec de la laque.

• *Objet*

θ→ N'utilisez jamais d'eau pour nettoyer des objets en laque ; un tel traitement leur enlèverait leur brillant. Préparez plutôt une pâte constituée d'une cuillerée de farine délayée par moitié avec de l'huile de lin et de l'essence de térébenthine. Frottez en rond et faites briller avec un chiffon doux, pour ne pas rayer la laque.

θ→ L'eau de son constitue également un bon produit de nettoyage. Pour l'obtenir : mettre 100 grammes de son dans un vieux bas nylon et faire infuser dans un demi-litre d'eau très chaude. Imbiber un chiffon de l'eau obtenue et en frotter délicatement la laque. Rincer puis faire briller.

Lavabo

- *Émail*

θ→ Pour un entretien régulier, je vous recommande tout simplement de le frotter avec une moitié de citron.

θ→ Pour un entretien en profondeur, le badigeonner avec de l'eau de Javel, laisser agir puis rincer.

Lavage

- *Linge neuf*

Prendre l'habitude, pour tous les textiles garantis grand teint, de les laisser tremper dans de l'eau chaude pendant plusieurs heures avant de les laver en machine. Ils perdront l'apprêt du neuf et resteront souples.

Lavande

Elle parfume très agréablement tout votre linge lorsque vous la suspendez, enfermée dans une mousseline, à l'intérieur de vos armoires. Rançon des temps modernes, on peut remplacer ce tissu aéré par une boule à thé.

Légumes

- *Cuisson*

θ→ Il est très possible de réduire le temps de cuisson de tous les légumes en ajoutant un peu de bicarbonate de soude à leur eau.

θ→ Ne salez plus leur eau de cuisson, cela les durcirait. Ne le faites qu'au moment de servir.

- *Flétris*

Si des légumes que vous avez rapportés frais de la campagne sont un peu flétris, trempez-les dans de l'eau additionnée de vinaigre et de deux morceaux de sucre. Ils retrouveront suffisamment de fraîcheur pour être consommés.

- *Fraîcheur*

Retrouvons une bonne vieille recette de grand-mère pour conserver toute leur fraîcheur à des légumes verts : les envelopper très serrés dans du papier journal.

- *Gelés*

Des légumes que l'on a malencontreusement laissé geler peuvent revenir à un état de fraîcheur grâce à un traitement très simple : les plonger dans un bain d'eau froide salée pendant une heure. Ce procédé est particulièrement valable pour les carottes, les choux et les pommes de terre ; il peut d'ailleurs être également appliqué aux fruits.

Lessivage

- *Murs*

Contrairement à ce que vous avez peut-être tendance à faire, plutôt que de commencer le lessivage des murs par le haut, commencez par le bas. Pourquoi ? Parce qu'ainsi, vous éviterez la formation des traînées noirâtres qui coulent le long des murs et deviennent indélébiles.

Levure

- *De bière*

La levure de bière craint les températures extrêmes. En conséquence, évitez le chaud autant que le froid. Ne l'entreposez donc pas dans votre réfrigérateur, car son ferment serait tué, et ne la délayez jamais avec de l'eau chaude car elle ne lèverait plus.

- *De boulanger*

Il en est un peu de la levure de boulanger comme de la levure de bière, aussi est-il souhaitable de la délayer à l'eau tiède. Sinon, elle perdrait son action au contact de l'eau froide et son ferment serait tué par de l'eau chaude.

• *Chimique*

Ne l'intégrez à une pâte qu'en fin d'opération, sinon elle perdrait ses propriétés.

Liège

• *Entretien*

On l'utilise de plus en plus comme élément décoratif et on le trouve sous de multiples formes (revêtements muraux, sols...). Peut-être hésitez-vous à faire appel à ce matériau, de crainte qu'il soit d'un entretien difficile. Voici l'astuce qui fera tomber votre réserve : pour le laver, faites infuser dans de l'eau 400 grammes de son pour deux litres d'eau bouillante, et imbibez un chiffon de l'eau de son que vous obtiendrez. Frottez-en le liège, rincez à l'eau froide, essuyez et laissez sécher.

Lierre

• *Destruction*

Le meilleur moyen pour se débarrasser d'un lierre devenu trop envahissant est de fabriquer un lait de chaux concentré. Si la teinte bleutée ne vous paraît pas suffisante, ajouter à ce lait une solution de sulfate de cuivre (vitriol bleu).

Limaces

• *Protection*

Il est très facile d'établir autour de vos semis un barrage que les limaces n'oseront pas franchir : entourez-les tout simplement de cendres de bois.

• *Destruction*

Certes, il existe dans le commerce de multiples produits qui détruiront les limaces de votre jardin mais qui, du même fait, nuiront aux oiseaux friands de limaces.

Personnellement, je préfère de beaucoup la solution suivante, pacifiste et tout aussi efficace : il suffit de placer sur le sol des soucoupes en terre cuite retournées et légèrement surélevées d'un côté par un moyen quelconque. Les limaces sont casanières, et viendront avec plaisir trouver abri sous ces soucoupes. Vous n'aurez plus qu'à les retirer chaque jour. Libre à vous de décider si vous souhaitez les détruire ou non.

Lime

- *A ongles*

Comme n'importe quelle autre lime, elle s'encrasse au bout d'un certain temps, perdant ainsi de son efficacité. Vous la lui rendrez en la brossant énergiquement avec une brosse dure.

- *Récupération*

Ne jetez plus des lames de scies à métaux usagées, puisqu'en les rassemblant par paquets de dix (environ), vous obtiendrez d'excellentes limes. Pour ce faire, il vous suffira de les assembler à chaque extrémité à l'aide d'un petit boulon et d'improviser une poignée avec un morceau de tuyau en caoutchouc.

Linge

- *Neuf*

Il est indispensable d'enlever l'apprêt d'un linge neuf avant sa première utilisation. Pour y parvenir, il suffit de le laisser tremper dans une eau tiède, additionnée de sel et d'une poignée de cristaux de soude.

- *A bouillir*

Savez-vous que quelques feuilles de laurier enveloppées dans un tissu léger et déposées sur le dessus d'un linge que vous faites bouillir empêcheront la formation d'une buée toujours très désagréable ?

• *Blancheur*

Une recette de bonne femme surprenante mais qui a fait ses preuves permet d'obtenir un linge plus blanc en déposant tout simplement sur le linge qui bout quelques coquilles d'œuf.

• *Jauni*

Certes, il est très agréable d'avoir une armoire remplie de linge mais il l'est beaucoup moins de découvrir, en dépliant une nappe ou un drap, des traînées jaunes correspondant aux marques de la pliure. Une astuce pour les faire disparaître : les badigeonner avec du lait cru et laisser sécher au grand soleil avant de laver le tissu concerné.

• *Parfumé*

Un raffinement pour toutes celles qui gardent la nostalgie des piles de linge qui sentent bon la lavande : ajouter un peu d'extrait de lavande à un litre d'eau, en remplir un pulvérisateur et, avant le repassage, en vaporiser tout le linge.

• *Couleur*

Pour fixer la couleur et garder l'éclat et le brillant du neuf aux chemisiers fragiles, aux tricots délicats et au linge de lin, ajouter dans la dernière eau de rinçage du vinaigre blanc.

• *Rangement*

Bien sûr, l'astuce vous permettant d'éviter le jaunissement de votre linge vous privera du plaisir que vous avez à contempler ses piles régulières, mais il faut bien se donner les moyens du but que l'on recherche. Je vous conseille donc d'envelopper votre linge blanc dans des sacs en plastique de couleur foncée ou, à défaut, pour les petites pièces, dans du papier d'aluminium ménager.

Lingerie

• *Fragile*

On hésite toujours à essorer dans une machine à laver une lingerie dont on s'efforce de prendre grand soin. Cependant, il est tout à fait possible de laisser la machine travailler pour

soi, à condition d'enfermer la lingerie dans une taie d'oreiller usagée. Ainsi protégée, elle sera parfaitement essorée sans aucun risque de mauvaise surprise.
Voir aussi : Essoreuse.

Linoléum

• *Pose*

Poser soi-même du linoléum ne présentera plus de réel problème lorsque les deux conditions suivantes seront réunies :

ϑ→ Pour qu'un linoléum se laisse découper et manipuler sans résistance ni risque de déchirure, il doit être placé dans une atmosphère dont la température ambiante est supérieure à 20° ;

ϑ→ Au moment de reporter les mesures pour découper un linoléum, prévoir toujours des dimensions légèrement inférieures à celles du sol qu'il doit recouvrir. En effet, une fois posé, en adhérant parfaitement à la surface qu'il recouvre, il gagnera les quelques millimètres qui lui manquaient.

• *Traces noires*

La plupart de ces traces disparaissent lorsqu'on les frotte tout simplement avec une gomme à crayon. Si cela ne se révèle pas suffisant, elles disparaîtront sans difficulté avec un peu d'éther.

• *Couleur*

Rien ne vaut un jaune d'œuf battu dans un demi-litre d'eau pour raviver les couleurs d'un linoléum un peu terne. Il suffit d'étaler ce mélange avec un chiffon et de le laisser sécher sans rincer.

Livres

• *Tranches*

Lorsque les tranches des livres portent la marque des souillures laissées par les mouches, le premier objectif consiste à serrer énergiquement le livre entre deux planchettes, ceci à l'aide d'un étau ou d'un serre-joint. On peut alors brosser cette tranche, puis la frotter jusqu'à disparition des taches avec une flanelle imbibée d'alcool à brûler contenant 5 % d'ammoniaque. Il suffit ensuite d'essuyer avec un tampon sec et de laisser sécher le livre avant d'en libérer la tranche.

• *Insectes*

Il existe un moyen radical pour assainir une bibliothèque et en supprimer les insectes se nourrissant de reliures ; pour ce faire, il suffit de placer sur l'un des rayonnages un flacon ouvert dans le fond duquel se trouve un tampon de coton régulièrement imbibé de tétrachlorure de carbone.

• *Humidité*

Il n'y a aucun doute, l'humidité est l'ennemie numéro un du papier imprimé ancien. Si certains de vos livres en ont souffert, plusieurs solutions s'offrent heureusement à vous pour réparer les dommages qu'elle cause :

Après avoir saupoudré du talc entre chaque feuille, le répartir délicatement avec un tampon d'ouate. Presser ensuite le livre afin que les feuilles se maintiennent parfaitement en contact les unes avec les autres, et redeviennent presque plates. Secouer le livre lorsque le talc aura absorbé toute l'humidité.

Voir aussi : Humidité.

Lunettes

• *Buée*

Si de la buée a tendance à se former sur vos lunettes, frottez les verres sur les deux faces avec un morceau de savon bien sec. Essuyez et vous serez tranquille.

Voir aussi : Buée.

• *Moirures*

Pour faire disparaître la moindre trace de moirure sur les verres de vos lunettes, lavez-les avec quelques gouttes de vinaigre... ou de vodka !

• *Vis*

Pour ne plus risquer qu'une des branches de vos lunettes se détache (notamment pour les lunettes de soleil), mettez une goutte de vernis à ongles sur les vis qui les retiennent. Ainsi, vous serez assurés qu'elles ne se desserreront plus.

M

Mains

• *Douceur*

Il existe dans votre vie de tous les jours de multiples occasions de donner à vos mains la douceur souhaitée :

- C'est ainsi que, lorsque vous faites de la purée de pommes de terre, la peau de vos mains appréciera beaucoup le fait que vous l'imprégniez d'un peu de cette purée ;
- Par ailleurs, pourquoi ne pas avoir toujours à disposition, à côté de votre lavabo ou de votre évier, un citron afin d'en presser quelques gouttes sur vos mains après chaque lavage ?
- Sachez également qu'un bain dans de l'eau chaude salée suivi d'un bain dans de l'eau chaude sucrée contribueront à donner à vos mains une douceur durable.

• *Odeurs*

Dans bien des cas, un simple lavage ne suffit pas à faire disparaître de nos mains les odeurs dont elles sont imprégnées. Passons en revue les cas les plus fréquents :

- L'odeur d'ail : elle disparaîtra si vous vous lavez les mains avec du marc de café ;
- L'odeur d'oignon : il n'y paraîtra plus si vous froissez du persil entre vos doigts ;
- L'odeur de poisson : frottez-vous les mains avec du sel avant de les laver ;

- L'odeur d'eau de Javel : un peu d'eau vinaigrée la fera disparaître.

• *Rougies*

Que ces rougeurs soient dues au froid ou aux travaux ménagers, le remède est le même : un bain dans de l'eau chaude salée avant de les masser avec de l'huile d'olive.

• *Moites*

Ne redoutez plus les poignées de mains puisqu'en les lavant régulièrement avec un savon dermatologique astringent, en les frictionnant à l'alcool camphré, puis en les saupoudrant de talc, vous viendrez à bout de cette moiteur qui vous gêne.

• *Tachées*

Les taches (notamment celles provoquées par l'épluchage des légumes) qui restent sur vos mains même après un lavage disparaîtront si vous les frottez avec une pelure d'orange.

Maquillage

Quelques astuces bonnes à connaître afin d'assurer à votre maquillage une bonne tenue tout au long de la journée :

- Frotter votre visage avec une rondelle de citron avant de commencer à vous maquiller ;
- Ou encore vaporiser de l'eau minérale froide sur votre visage une fois votre maquillage terminé ;
- Ne pas oublier, par ailleurs, lorsque vous avez la mine particulièrement triste, qu'une touche de fard rose sur le lobe de l'oreille accentue l'éclat du visage.
- Voir également : Fond de teint.

Marbre

• *Taches colorées*

Les taches de fruits, de café, de boissons ou de nicotine disparaîtront si vous les frottez avec de l'eau de lessive additionnée de quelques gouttes d'ammoniaque. Rincer ensuite très sérieusement.

- *Taches d'encre*

Il faut tamponner ces taches avec un chiffon imprégné d'eau oxygénée à 20 volumes, additionnée de quelques gouttes d'ammoniaque. Polir ensuite, après avoir séché avec un chiffon doux.

- *Taches de graisse*

L'essence ou la benzine viendront à bout des taches de graisse sur du marbre, mais surtout soyez très prudents et veillez à n'utiliser ces produits que loin d'une flamme.

- *Jauni*

Après un nettoyage à l'eau savonneuse, le frotter avec un jus de citron mélangé à du sel fin. Rincer puis sécher.

- *Taches de rouille*

C'est l'acide oxalique en cristaux, plus communément appelé « sel d'oseille », qui fera disparaître les taches de rouille sur votre marbre. Vous en trouverez dans toutes les bonnes drogueries ou chez les fournisseurs de produits pour ébénistes. Sachez cependant que cet acide doit être manipulé avec précaution et ceci de la façon suivante : en faire dissoudre une cuillerée dans un peu d'eau chaude et tamponner les taches avec la solution obtenue.

Marmelade

- *Oranges douces*

Nous avons tout à apprendre de nos amis anglais pour réussir la marmelade d'oranges douces. Ainsi, savez-vous qu'il suffit de faire bouillir pendant quelques minutes les zestes d'orange avant de les intégrer à la marmelade pour leur enlever toute amertume ?

Marrons

• *Épluchage*

Vous ne redouterez plus la corvée d'épluchage des marrons si vous ajoutez une cuillerée à soupe d'huile à leur eau de cuisson, car leur première peau s'enlèvera alors avec facilité.

Masque

• *Efficacité*

Faites d'une pierre deux coups et profitez du moment où vous êtes dans un bain bien chaud pour appliquer sur votre visage le masque correspondant à votre type de problème de peau. Il pénétrera mieux grâce à l'humidité.

• *Pour toutes les peaux*

Ce masque à la farine convient à toutes les peaux et nettoie parfaitement le visage. Voici comment le préparer : mélanger quatre cuillerées de farine avec un demi-verre de lait chaud dans lequel vous aurez fait fondre une cuillerée de miel. Ajouter une cuillerée d'huile d'olive et appliquer ce masque que vous garderez environ un quart d'heure. Rincer soigneusement.

• *Bonne mine*

Pour l'obtenir, il suffit de battre un jaune d'œuf en y incorporant un peu d'huile d'olive.

• *Décongestionnant*

Ce masque s'obtient avec du yaourt et de la crème fraîche que l'on mélange en quantités égales. Un quart d'heure de pose suffit, suivi d'un rinçage soigneux.

• *Peau grasse*

Deux recettes qui conviennent à toutes les peaux grasses :

➻ Pour la première, ajoutez une cuillerée à café de rhum et un filet de jus de citron à un œuf entier que vous battez en omelette.

➻ Le concombre donne d'excellents résultats pour les peaux grasses. Vous pouvez l'appliquer sur votre visage soit en fines rondelles, soit en purée. Dans un cas comme dans l'autre, laissez en contact pendant au moins vingt minutes.

• *Peau sèche*

- Le chou est aux peaux sèches ce que le concombre est aux peaux grasses. En conséquence, hachez finement une feuille de chou bien lavée et mélangez-la à une cuillerée à soupe d'huile d'olive. Gardez vingt minutes et rincez de préférence à l'eau chaude.

Les fruits nous offrent également la possibilité d'obtenir des masques efficaces et exclusivement naturels. La preuve :

- Écrasez en les mélangeant une pêche et un jaune d'œuf ;
- Ou, si vous préférez, écrasez une banane et ajoutez une cuillerée à café d'huile d'amandes douces ou de miel liquide.

• *Dernière minute*

Si une sortie imprévue s'offre ou s'impose à vous, et que vous vous sentiez la mine vraiment triste, battez un jaune d'œuf avec quelques gouttes de jus de citron, et badigeonnez votre visage avec cette préparation. Au bout de quinze minutes, rincez à l'eau de rose et votre teint aura retrouvé son éclat.

Mastic

• *Lissage*

L'ennui avec le mastic frais de vitrier ou le mastic d'étanchéité dont on se sert pour les sanitaires, c'est qu'il colle aux doigts et que l'on a donc beaucoup de mal à le lisser pour obtenir un joint satisfaisant. Une astuce permet de résoudre très facilement ce problème, puisqu'il se laissera lisser sans résistance si, pour le faire, vous vous servez d'une rondelle de pomme de terre ou de carotte.

• *Conservation*

Pour le conserver, il suffit de penser à l'envelopper dans un morceau de papier d'aluminium ménager.

Mayonnaise

• *Réussie*

⊕ N'espérez pas réussir une mayonnaise si vous ne respectez pas de manière impérative cette règle : tous les éléments entrant dans la composition de la mayonnaise doivent être à la même température. Ceci est notamment valable pour les œufs, que l'on oublie souvent de sortir du réfrigérateur. Dernière recommandation : intégrer dès le début sel, poivre et vinaigre.

⊕ Si, même en respectant les conseils précédents, vous ne parvenez pas à faire prendre votre mayonnaise, ajoutez une cuillerée à soupe d'eau froide à votre mélange et laissez reposer une bonne minute avant de recommencer à battre.

• *Rattrapage*

Non, tout n'est pas perdu si votre mayonnaise tourne. Pour la sauver, un truc : délayer à part un peu de cette mayonnaise tournée avec une cuillerée à soupe de vinaigre bouillant ; recommencer à battre en versant doucement la mayonnaise tournée dans le mélange que vous venez d'obtenir.

• *Légère*

Pour obtenir une mayonnaise légère et, qui plus est, bien blanche, ajouter tout simplement à la vôtre lorsqu'elle est montée une cuillerée de vinaigre de vin que vous aurez préalablement chauffée. De plus, le goût s'en trouvera agréablement relevé.

• *Foie fragile*

Ne vous privez plus de mayonnaise sous le prétexte que votre foie ne la supporte pas, et que faire une mayonnaise sans œufs, ce n'est pas possible. Voici deux astuces permettant d'obtenir une mayonnaise qui ne vous fera aucun mal :

⊕ Mélanger deux cuillerées de lait concentré non sucré avec une noix de moutarde. Battre en versant l'huile très doucement, puis ajouter sel, poivre et jus de citron.

θ› Salez et poivrez le contenu d'une barquette de fromage frais totalement écrémé, incorporez-y des oignons hachés et de la ciboulette, puis le jus d'un citron.

Mèche

• *De cheveux*

Nous avons tous eu à nous battre certains matins devant notre glace avec une mèche de cheveux particulièrement rebelle. Pour la remettre en place, l'humecter tout simplement de jus de citron.

Melon

Ne dites plus que vous ne savez pas choisir un melon, puisque le bon choix dépend de deux critères fort simples :

θ› L'odeur parfumée dégagée par le melon ;

θ› Le poids est également déterminant ; ainsi, à taille égale, donnez votre préférence au melon qui pèse le plus lourd.

Mercurochrome

• *Utilisation*

Pour éviter les taches rouges, autant sur les mains que sur les vêtements, prenez l'habitude de vous servir d'un coton-tige pour appliquer du mercurochrome sur une plaie.

• *Taches sur les mains*

Les taches de mercurochrome sont tellement visibles qu'elles donnent l'impression de ne plus vouloir disparaître. Pourtant, du vinaigre ou du jus de citron les atténuent considérablement.

• *Taches sur tissu grand teint*

Aucune hésitation : faire prendre au tissu taché un bain d'eau javellisée.

- *Taches sur linge de couleur*

Pour les tissus qui ne sont pas garantis grand teint, frotter les taches avec un mélange d'eau et d'alcool à 90° en parties égales.

- *Taches sur laine et soie*

Plonger les vêtements tachés dans une solution composée de deux parties d'eau froide pour une partie d'alcool à brûler.

Meringues

Ne redoutez plus qu'elles « tombent » en cuisant si, avant de les enfourner, vous les saupoudrez de sucre glace à travers une passoire.

Meuble

- *Sur moquette*

A première vue, il semble impossible de déplacer un meuble sur de la moquette sans le soulever. Pourtant, avec un peu d'astuce, on peut y parvenir sans difficulté. Voici deux suggestions :

⊕ Placer sous chaque pied du meuble un couvercle de bocal à conserves. Il offrira une surface qui glissera parfaitement sur la moquette;

⊕ Si le meuble n'est pas trop lourd, un morceau de carton glissé sous chaque pied vous permettra également de le déplacer sans problème.

- *Sur sol lisse*

Pour faire glisser un meuble sur un sol lisse, placer sous ses pieds des épluchures de pommes de terre.

- *Contre tapisserie*

Dès que l'on appuie un meuble contre une tapisserie, le papier en porte forcément les marques, à moins que l'on ne prenne la précaution de coller au dos de ce meuble une bande du ruban adhésif utilisé habituellement pour l'isolation des portes et des fenêtres.

- *Mauvaise odeur*

Pour supprimer une mauvaise odeur dans un meuble, il suffit de placer un verre de lait bouillant à l'intérieur, d'en fermer les portes et de ne les rouvrir qu'une fois le lait refroidi. L'odeur indésirable a disparu.

- *Choc*

Ne considérez plus comme irrémédiable un choc sur un meuble ciré. Procurez-vous du papier collant et encadrez-en l'endroit abîmé. Imbibez celui-ci avec de l'eau à l'aide d'un coton hydrophile. Maintenez ce coton mouillé en contact avec le bois à l'aide d'une autre bande de papier collant. Laissez reposer toute une nuit et, le lendemain matin, décollez l'ensemble. Vous constaterez que le bois aura retrouvé son état initial.

- *Dépoussiérage*

On renonce généralement à dépoussiérer le dessous d'un meuble lourd et bas qu'on ne peut déplacer facilement. Cependant, il est tout à fait possible de le débarrasser de la poussière en huilant légèrement un morceau d'étoffe que l'on fixe sur un bâton de bois assez long (un manche à balai ou une règle plate conviennent très bien) et que l'on promène sous le meuble.

Meuble en bois ciré

- *Entretien*

On obtient d'excellents résultats avec un chiffon imbibé de lait chaud. Frotter ensuite tout simplement avec un morceau de lainage humecté d'huile de table. Encaustiquer et faire briller.

- *Taches d'eau*

Ne faites appel à aucun produit de nettoyage particulier, puisqu'il suffit, pour faire disparaître des taches d'eau, de les frotter longuement avec un bouchon de liège.

• *Mouches*

Pour supprimer toute trace de salissure laissée par les mouches, frotter les taches avec du marc de café tiède ou bien du vinaigre.

• *Taches de sucre*

Dans ce cas également, le marc de café délayé avec un peu d'eau et de préférence tiède fera disparaître ces taches sans difficulté.

Meuble verni

• *Taches d'eau*

Bien qu'il soit plus délicat de faire disparaître des taches sur un meuble en bois verni, ce n'est cependant pas impossible. Ainsi, si vous frottez les taches d'eau avec un chiffon doux imbibé d'un mélange composé d'huile d'olive et d'alcool à 90° en parts égales, plus d'auréoles.
Si le vernis se trouvait être superficiellement abîmé, astiquez en rond avec un mélange d'huile d'olive et de cendre de cigarette.

• *Mouches*

Pour enlever les taches dues aux mouches sur les meubles vernis, frotter le bois avec une décoction de marc de café et essuyer ensuite.

Mimosa

Il gardera sa fraîcheur et ceci pendant plusieurs jours si vous l'immergez dans de l'eau chaude plutôt que dans de l'eau froide. Cette recommandation vaut également pour les petites pâquerettes.

Miroir

• *Nettoyage*

Deux astuces vous permettront de nettoyer parfaitement un miroir en ne faisant appel qu'à des produits courants :

θ→ Frotter le miroir avec un tampon de papier journal imbibé d'un mélange composé de deux tiers d'eau et d'un tiers de vinaigre. L'essuyer ensuite avec un chiffon sec;

θ→ On obtient également de très bons résultats en le frottant avec une demi-pomme de terre crue et en le rinçant ensuite avec de l'eau légèrement additionnée d'alcool à brûler.

Mise en plis

Pour faire une mise en plis rapide et qui, en plus, tiendra parfaitement bien, il suffit d'humecter les cheveux avec de la bière avant de les fixer autour des rouleaux. Autre avantage, ils sécheront très vite.

Mites

• *Précautions*

Savez-vous que le bois de cèdre dégage un parfum ayant la propriété d'éloigner les mites? Souvenez-vous-en lorsque vous envisagerez la fabrication de meubles ou d'étagères destinés à recevoir des vêtements, et notamment des lainages.

• *Prévention*

θ→ Vous éloignerez les mites de vos armoires et placards si vous suspendez à l'intérieur des sachets de mousseline contenant des écorces de citron séchées.

θ→ Par ailleurs, quelques gouttes de lavande, de thym ou de marjolaine chassent les mites tout en parfumant le linge. N'hésitez donc pas à en imbiber régulièrement un morceau de coton hydrophile que vous placerez parmi votre linge.

Moisi

• *Sur tissu*

Pour faire disparaître les taches de moisi sur un tissu, laisser tremper le linge abîmé dans de l'eau ammoniaquée puis rincer abondamment.

Molleton

Protéger une table rectangulaire ou carrée avec un molleton ne pose pas de problème. Il n'en est pas de même pour une table ronde ou ovale. Pourtant, grâce à l'astuce suivante, vous y parviendrez facilement : découper le molleton en gardant une marge d'une vingtaine de centimètres, le border d'un ruban solide que vous coudrez de telle sorte qu'un élastique puisse y être glissé sans problème. A vous de régler la longueur de cet élastique en fonction des dimensions de votre table. Ainsi fixé, le molleton ne bougera plus et protégera efficacement le plateau de votre table.

Montre

Il arrive assez souvent qu'un peu de buée se forme à l'intérieur d'une montre. Dans la plupart des cas, cela ne nécessite pas l'intervention d'un spécialiste, puisqu'il suffit de retourner la montre, le verre contre la peau, pour faire disparaître cette condensation.

Moquette

- *Découpage*

Si vous décidez de poser vous-même de la moquette, il est probable que l'on vous conseillera d'utiliser pour la découper un couteau à lame interchangeable destiné à cet usage. Personnellement, j'ai constaté que la lame de ce couteau, même si l'on est habile, entre inévitablement en contact avec le sol, d'où la nécessité de la réaffûter régulièrement. J'ai tourné la difficulté en me servant tout simplement de mon couteau électrique de cuisine, et j'ai obtenu de très bons résultats.

- *Entretien*

Lorsqu'on envisage de faire un shampooing à une moquette, il est évidemment de beaucoup préférable de ne laisser aucun meuble. Cependant, il est bien rare que l'on puisse tous les déménager, d'où la nécessité de protéger les pieds de celui ou de ceux qui restent dans la pièce à nettoyer. Pour ce faire, il suffit de glisser chaque pied dans un sac de matière plastique, protégeant ainsi du même fait la moquette et le bois.

• *Poils*

Même si vous disposez d'un aspiro-batteur, il est parfois très difficile de faire disparaître d'une moquette les poils de chat ou de chien qui y adhèrent. En faisant appel à une palette en caoutchouc utilisée habituellement pour le nettoyage des vitres, on y parvient très facilement, même si ce travail est un peu long et fastidieux.

• *Auréoles*

Si votre toutou s'est oublié sur votre moquette, intervenez rapidement si vous voulez faire disparaître toute trace d'auréole. Après avoir épongé au maximum avec un chiffon sec, humectez la tache avec de l'eau gazeuse. Laissez les bulles s'évaporer, épongez de nouveau et recommencez l'opération une seconde fois pour que le traitement soit parfaitement efficace.

• *Taches de boue*

Frotter les taches avec de l'eau vinaigrée (une cuillerée à soupe pour un litre d'eau). Rincer ensuite à l'eau claire, laisser sécher et brosser.

• *Marques*

On devrait toujours déplacer régulièrement d'un ou deux centimètres les meubles qui reposent sur une moquette. On éviterait ainsi les marques de leurs pieds qui s'incrustent dans la moquette. Si vous n'avez pas pris cette précaution, deux solutions :

- Recouvrir chaque marque d'une patte-mouille et repasser à fer chaud, puis brosser les poils énergiquement ;
- Ou encore, lorsqu'on a un fer à vapeur, le maintenir à quelques centimètres au-dessus de la partie à traiter. Le jet de vapeur redonnera du gonflant aux poils qui étaient couchés.

• *Sens des poils*

Avez-vous déjà pensé, lorsque vous passez votre aspirateur sur votre moquette, à vous préoccuper du sens des poils de celle-ci ? Ne croyez pas que cela soit superflu, car il est très déconseillé de l'aspirer « à rebrousse-poil ». Pour connaître le sens dans lequel vous devrez travailler désormais, posez sur votre moquette un marteau, manche en l'air. Sa tête penchera systématiquement du même côté que le poil.

Morue

Pour qu'elle soit parfaitement blanche, la faire pocher au lait plutôt qu'à l'eau.

Moto

Pour tous ceux qui ne disposent pas de l'équipement complet leur permettant de lutter contre le froid lorsqu'ils font de la moto, deux astuces :

- Glisser du papier journal entre pull-over et blouson ; c'est un excellent isolant ;
- On obtient également de très bons résultats en intercalant entre ses vêtements une housse en plastique léger du type de celles qui enveloppent les vêtements revenant de chez le teinturier.

Mots croisés

Ils ont de plus en plus d'adeptes, mais il arrive assez souvent que les grilles soient imprimées sur du papier glacé, ce qui rend difficile, pour ne pas dire impossible, l'usage d'un crayon, et par conséquent d'une gomme. Une petite astuce vous permettra de vous livrer à votre passion sans gêne, puisqu'il vous suffira de passer sur toute cette grille un coup de gomme à encre pour que le crayon marque très lisiblement.

Mouches

On trouve bien sûr de multiples produits du commerce permettant de se débarrasser des mouches, mais la plupart d'entre eux obligent à vivre fenêtres fermées, nous punissant ainsi du même fait. Mis à part les rouleaux de papier collant, très efficaces mais reconnaissons-le peu esthétiques, je vous signale que les tiges fraîches de ricin dégagent une odeur qui chasse les mouches. N'hésitez donc pas à en placer à plusieurs endroits dans votre maison.

Mouchoirs

• *Neufs*

Ne considérez pas comme superflu le fait de consacrer un peu d'attention à des mouchoirs que vous venez d'acheter. Vous y gagnerez par la suite car leur durée en sera prolongée et vous allez d'ailleurs découvrir qu'il suffit pour cela de peu de chose : en effet, avant de les mettre en usage, vous devez leur faire prendre un bain dans de l'eau chaude très salée, les rincer ensuite à l'eau froide en les laissant tremper pendant plusieurs heures avant de les laver tout à fait normalement.

• *Repassage*

Certes, si vous avez de jeunes enfants, cela peut les amuser de « faire comme maman » et d'exercer leur talent de repassage sur vos mouchoirs.
Il n'en demeure pas moins que vous pouvez parfaitement vous dispenser de les repasser en vous contentant, une fois qu'ils sont lavés, de les secouer fortement et de les appliquer sur une surface lisse, par exemple du carrelage ou les vitres d'une fenêtre. Lissez-les bien avec la main et ils sécheront vite et sans faux plis.

• *D'enfants*

En dépit de toutes les recommandations que l'on peut faire aux petits enfants, c'est souvent trop leur demander que de penser à remettre dans leur poche leur petit mouchoir. Pour leur libérer l'esprit, cousez tout simplement un joli ruban à l'angle de chaque mouchoir d'enfant et il vous suffira de fixer l'autre extrémité de ce ruban, à grands points, à l'intérieur de la poche du vêtement qu'il portera dans la journée. Il sera ravi et vous serez tranquille.

Moufles

• *D'enfants*

Par rapport aux mouchoirs, le problème rencontré avec les moufles est multiplié par deux, puisque le risque de perte est forcément doublé. Raison de plus pour avoir recours à une astuce qui sera appréciée non seulement par votre enfant, mais par son institutrice.

θ› Voici un procédé : posez bien à plat le manteau de votre enfant, de manière à pouvoir mesurer son envergure (longueur des deux manches plus celle du dos). Coupez alors un morceau d'élastique plat de cette dimension, et glissez celui-ci par une manche et ressortez-le par l'autre. Il ne vous reste qu'à coudre à chaque extrémité de l'élastique la moufle ou le gant correspondant. Ce procédé présente l'avantage d'être absolument indépendant du vêtement et de pouvoir par conséquent s'adapter à tous ceux que porte votre enfant.

θ› Il en existe un autre, peut-être plus esthétique mais qui vous obligera à un petit travail de couture à chaque fois que votre enfant changera de vêtement. Il s'agit tout simplement de coudre au bout de chaque manche un morceau de ruban, à l'extrémité duquel vous coudrez également le gant ou la moufle, qui ainsi ne risquera plus de s'égarer.

Moules

• *A pâtisserie*

θ› Plutôt que de gaspiller de la matière grasse en essayant de l'étaler, soit à l'aide de papier huilé, soit à l'aide d'un pinceau, prenez donc l'habitude de procéder ainsi : une fois votre matière grasse placée dans le moule, passez celui-ci à four chaud quelques instants. Cette matière grasse en ressortira fondue et se laissera étaler sans aucun problème.

θ➛ Je vous signale par ailleurs qu'un peu de sel sous le moule que vous avez placé dans votre four l'empêchera de brûler.

• *Coquillages*

Quand vous connaîtrez les trucs suivants, vous n'aurez plus aucune excuse si vous servez à table des moules demeurées sableuses :

θ➛ Il est tout d'abord indispensable de les laver à grande eau en les brossant énergiquement, mais sans les gratter, et de les sortir de ce bain à la main, en les laissant égoutter ;

θ➛ C'est alors que vous pouvez les gratter, si c'est nécessaire, mais hors de l'eau ;

θ➛ Les placer ensuite sous un jet d'eau froide, tout en les remuant très énergiquement. J'insiste sur ce dernier point, car les moules sont craintives et n'osent pas ouvrir leur coquille lorsqu'il y a du bruit. C'est pour cette raison qu'il est déconseillé de les laisser séjourner dans une eau calme, car elles se sentent à ce moment-là parfaitement rassurées et, en s'ouvrant, emprisonnent le sable en suspension dans l'eau.

Mousse

• *Lavage machine*

Ne paniquez plus si de la mousse déborde de votre machine à laver, puisqu'il vous suffira de verser dans l'orifice destiné à recevoir la lessive un verre de vinaigre pour la voir se dissiper.

• *Éviers et baignoires*

N'essayez plus de dissiper une mousse trop abondante en faisant couler de l'eau, vous ne feriez que l'augmenter et vous énerver. En revanche, si vous vous lavez les mains avec une savonnette en vous plaçant au-dessus de cette mousse, vous constaterez que l'eau savonneuse qui s'écoule de vos mains aura un pouvoir quasi magique : la mousse disparaîtra instantanément.

• *Synthétique*

Deux très bons trucs pour les bricoleurs et pour les ménagères qui veulent fabriquer elles-mêmes des coussins :

θ→ Pour découper des blocs de mousse de grandes dimensions, n'hésitez pas à utiliser votre couteau électrique de cuisine. Vous obtiendrez des bords parfaitement lisses sans difficulté.

θ→ Si les découpes que vous devez faire nécessitent de la précision, soit parce que les blocs doivent être de petite taille, soit parce que leur pourtour est compliqué, faites chauffer la lame d'un couteau et tracez votre découpe sans la laisser refroidir. Vous obtiendrez des résultats étonnants, mais travaillez en plein air ou fenêtres ouvertes, car l'odeur dégagée n'est pas très agréable.

• *Au chocolat*

Deux recommandations :

θ→ Faites fondre les plaques de chocolat dans du café très fort, la saveur de votre mousse s'en trouvera améliorée ;

θ→ Sachez également qu'une pincée de sel développe l'arôme du chocolat.

Moustiques

• *Prévention*

θ→ Pour les éloigner, une astuce originale et agréable à l'œil : une grosse orange piquetée de clous de girofles.

θ→ Vous ne les aimez pas, et eux détestent l'odeur de citronelle ou de géranium. En conséquence, n'hésitez pas, pour les chasser, à utiliser l'huile essentielle de ces deux plantes.

• *Piqûres*

Si le mal est fait, si la piqûre est là, vous avez fort heureusement chez vous de quoi la calmer. A vous de faire votre choix dans la liste qui suit :

- Une moitié de citron ;
- Des feuilles de poireau écrasées ;
- Une demi-gousse d'ail ;
- Une boule de naphtaline ;
- Du persil haché ;
- Ou la moitié d'un oignon.

Moutarde

Pour qu'elle ne se dessèche plus en surface une fois le pot entamé, recouvrez-la d'une rondelle de citron, que vous changerez bien évidemment après chaque usage.

N

Nacre

• *Entretien*

Qu'elle soit sous forme d'incrustations, de petits bibelots ou de bijoux, vous la nettoierez en la frottant tout simplement avec un chiffon imbibé d'huile de table.

Nattes

• *Entretien*

L'entretien des nattes de paille fait peur à de nombreuses utilisatrices, tant leur pouvoir à absorber la poussière semble important. Il est cependant tout à fait possible de le limiter grâce à l'un des deux procédés suivants :

⊕ Vous pouvez les encaustiquer, exactement comme vous le faites pour un parquet ;

⊕ Il est également possible d'en frotter toute la surface avec une éponge imbibée de lait cru ou d'eau salée froide.

⊕ Pour mémoire, n'oubliez pas de passer l'aspirateur sur les deux faces de vos nattes de paille.

Nickel

• *Entretien*

La poudre à récurer dont vous vous servez habituellement conviendra parfaitement pour le nettoyage des objets nickelés à condition que vous la mélangiez avec un peu d'huile de table jusqu'à l'obtention d'une pâte malléable. Vous en frotterez ce métal et le polirez ensuite à la peau de chamois.

Nicotine

• *Taches sur cendrier*

Si des traces de nicotine subsistent après que vous ayez lavé vos cendriers, frottez-les avec un bouchon trempé dans du sel fin.

• *Taches sur les mains*

Trois solutions qui sont fonction du nombre de cigarettes que vous fumez par jour :

θ→ Si vous vous maintenez dans la limite du raisonnable, un peu de jus de citron devrait suffire ;

θ→ Si vous vous situez dans la moyenne, faites appel à de l'eau javellisée (voir à : Eau de Javel pour l'odeur qui subsistera sur vos mains) ;

θ→ Si vous êtes un fumeur impénitent, préparez une poudre composée d'une cuillerée à soupe de borate de soude et d'une cuillerée à soupe de poudre de pierre ponce, le tout additionné de quelques gouttes de jus de citron.

• *Taches sur tissu*

Frottez-les avec un tampon imbibé d'alcool à 90° jusqu'à disparition.

Niveau

• *De remplacement*

Si vous ne retrouvez plus le vôtre, ou si vous n'en avez jamais eu, sachez qu'en vous dirigeant vers votre armoire à pharmacie, vous trouverez un niveau improvisé : une simple ampoule de médicament.

Noix

• *Tri*

Lors de la prochaine récolte de noix ou de châtaignes, une astuce qui vous permettra de gagner du temps en sélectionnant très facilement les fruits sains : il suffit de jeter les fruits dans un bassin d'eau fraîche, ceux qui sont véreux ou abîmés flotteront, alors que les autres tomberont au fond.

• *Coquilles*

Pour ne plus vous battre avec les coquilles de noix, sachez que vous les écalerez sans difficulté après les avoir fait tremper pendant une nuit dans de l'eau sucrée.
Je vous signale d'ailleurs que c'est en procédant ainsi que vous obtiendrez des cernaux de noix absolument impeccables, puisque leur coquille se séparera en deux sans s'écraser.

• *Conservation*

→ Pour conserver des noix en parfait état, voici le truc que je vous propose : cueillez-les dès qu'elles sont mûres, sortez-les de leur coquille, et mettez-les à sécher dans un pot de terre, en respectant l'alternance suivante : une couche de sable sec, une couche de noix. Lorsque toutes vos noix seront ainsi rangées, mettre sur le pot un couvercle que vous maintiendrez bien en place avec un objet lourd.

→ Si vous disposez d'un jardin, d'un petit bout de terrain, sachez qu'il est également tout à fait possible de conserver des noix lorsqu'on les enterre avec leur coque, sans autre forme de procès.

• *Sèches*

Deux procédés permettent de rendre leur fraîcheur à des noix sèches que l'on a conservées.

→ Le premier est à la portée de tout le monde, puisqu'il consiste à faire tremper les noix dans de l'eau légèrement salée, et ceci pendant quatre à cinq jours. De plus, vous constaterez que la peau des fruits ainsi traités se laissera enlever aussi facilement que s'il s'agissait de noix fraîchement cueillies.

θ→ Votre petit bout de jardin vous permettra, pour redonner également leur fraîcheur à des noix sèches, d'y parvenir sans peine. Voici comment : après avoir enveloppé les noix dans un linge, mettre le tout dans un trou creusé dans la terre. Vous en sortirez les fruits au bout de vingt-quatre heures, et comme dans le conseil précédent, vous constaterez qu'ils auront retrouvé leur fraîcheur et se laisseront éplucher sans résistance.

Nouet

Comme son nom l'indique, cet accessoire est tout simplement constitué d'un linge noué dans lequel on a placé une substance aromatique pour la faire infuser ou bouillir. Certes, les nouets de nos grand-mères étaient faits d'un tissu aéré, mais sachez que vous pouvez parfaitement utiliser le gousset de maille de nylon qui accompagne les collants afin d'obtenir un nouet qui, pour être contemporain, n'en sera pas moins efficace.

Odeur

• *Bocaux*

Il est indispensable pour une maîtresse de maison de pouvoir désodoriser totalement des bocaux ayant contenu toutes sortes d'ingrédients, afin de pouvoir les utiliser de nouveau pour un autre usage. Retenez donc qu'il suffit d'entreposer ces bocaux, après les avoir lavés, pendant une heure dans le réfrigérateur, pour qu'ils perdent l'odeur qui les caractérisait.

• *Boîte en métal*

Tout comme les bocaux, les boîtes en métal gardent parfois une odeur que l'on aimerait chasser. Le procédé pour obtenir toute satisfaction nécessite de la prudence, puisqu'il consiste à verser quelques gouttes d'alcool dans la boîte et à y mettre le feu. On ferme le couvercle et, après avoir lavé la boîte, on peut s'en servir de nouveau.

• *De cuisine*

Certes, elles peuvent flatter agréablement l'odorat de votre famille ou de vos invités, mais elles peuvent également être gênantes, d'où l'utilité du truc suivant : vaporiser, dans toutes les pièces où flottent ces émanations indésirables, de l'ammoniaque.

• *Sur les mains*

Deux possibilités pour que vos mains ne gardent pas l'odeur des légumes que vous venez d'éplucher :

⊕ Les tremper quelques instants dans de l'eau vinaigrée avant de les laver à l'eau savonneuse ;

⊕ Frotter sur vos mains une pomme de terre cuite à l'eau. Dans les deux cas, terminer en frottant vos mains avec du jus de citron.

• *Réfrigérateur*

⊕ Si les odeurs indésirables qui émanent de votre réfrigérateur ne sont pas trop importantes, un bol de lait bouillant placé à l'intérieur de celui-ci devrait suffire pour les faire disparaître.

⊕ Dans le cas d'odeurs tenaces, sachez que vous réussirez à les éliminer en plaçant dans votre réfrigérateur un caramel encore bouillant (pour mémoire, en voici les proportions : 5 sucres pour une cuillerée à café d'eau).

⊕ Plutôt que d'intervenir après que les odeurs se sont formées, voici une astuce qui présente le double avantage d'en éviter la formation et d'éliminer du même fait les premières émanations désagréables : suspendre à l'intérieur du réfrigérateur un morceau de charbon de bois. J'ai choisi la solution de glisser ce morceau de charbon de bois dans un des petits filets qui servent à emballer les citrons ou les échalotes, et je l'attache entre deux clayettes.

• *Dans la maison*

En hiver, pendant la période où votre chauffage central marche, il vous suffira d'ajouter quelques gouttes de parfum à l'eau dont vous remplirez les saturateurs de vos radiateurs pour qu'une odeur agréable parfume votre maison en même temps que la chaleur se répartira.
Voir également : Ampoule électrique et Cheminée.

Œillets

Si vous ne voulez pas adopter la méthode à laquelle ont recours la plupart des fleuristes pour soutenir les œillets (un tuteur en fil de fer fin), voici un autre procédé pour en soutenir la fleur : entourer la corolle de papier adhésif transparent et le cranter avec des ciseaux fins pour épouser les formes.

Œufs

• *Fraîcheur*

Il est parfois indispensable de vérifier la fraîcheur des œufs que l'on veut utiliser. Pour ce faire, plusieurs méthodes, à vous de choisir celle qui vous convient le mieux.

Vous pouvez les plonger dans de l'eau froide salée :
– S'ils flottent, vous pouvez en conclure qu'ils sont hors d'usage ;
– S'ils restent à mi-hauteur, ils ne sont plus assez frais pour être mangés à la coque, mais vous pouvez les consommer de toutes les autres manières ;
– S'ils tombent au fond et s'ils y restent, vous serez assurés de leur fraîcheur.

Le jaune d'un œuf frais est bien suspendu au centre d'un blanc épais ; en conséquence, si on secoue l'œuf, il ne fait aucun bruit alors qu'un œuf moins frais a un jaune décentré et un blanc liquide, reconnaissables à l'oreille. Si vous l'agitez, vous entendrez un « floc-floc » caractéristique ; ce sera le signe qu'il est prudent de ne pas le consommer à la coque.

Un dernier test, réservé aux œufs que vous n'envisagez pas de consommer à la coque : casser l'œuf dont vous doutez dans une assiette plate :
– S'il ne se répand pas et reste bien condensé, soyez assurés de son extrême fraîcheur ;
– Si son blanc s'étale largement mais que le jaune ne se brise pas, il est frais ;
– Un jaune qui se brise est le signe d'un œuf trop vieux pour être consommé.

• *Crus ou cuits ?*

Il peut arriver que, par inadvertance, des œufs crus se trouvent mélangés à des œufs durs. Sachez que vous n'êtes pas

obligés de les casser pour en faire la distinction. Jouez plutôt les petits prestidigitateurs et faites tourner les œufs sur eux-mêmes en les effleurant légèrement du doigt.
L'œuf dur s'arrêtera de tourner immédiatement, tandis que l'œuf cru, entraîné par son contenu liquide, continuera sa ronde.

• *Précautions*

Un dicton populaire nous invite à ne jamais mettre tous nos œufs dans le même panier. Avec votre permission, je vous en propose un autre : « Ne cassez jamais tous vos œufs dans un même saladier. » En effet, la présence d'un seul œuf avarié rendrait tous les autres inutilisables.

Lorsque vous faites votre marché, ne laissez jamais voisiner dans votre filet à provisions des œufs et des artichauts. Ces derniers disposent en effet d'un pouvoir quasi maléfique sur les œufs : ils les liquéfient.

La coquille des œufs est poreuse, ce qui peut être un avantage mais aussi un inconvénient. C'est ainsi que si la proximité d'un œuf avec une truffe ou des herbes aromatiques peut être souhaitable, celle d'un camembert ou d'un melon est très nocive. L'œuf respire, il absorbe les odeurs, ne l'oubliez plus !

Quelle que soit la manière dont vous préparez des œufs, ne les cuisez pas à trop haute température, cela aurait pour effet de les décolorer. Je vous rappelle qu'un œuf cuit à 80°.

Pour mémoire, je vous rappelle qu'il faut éviter systématiquement le contact des œufs avec des couverts ou des récipients en argent. Si ce conseil arrive trop tard, voir à : Argenterie (taches d'œuf).

• *Fêlé*

Vous pourrez le faire cuire dans de l'eau sans risque de le voir se vider si vous ajoutez à celle-ci un filet de vinaigre.
Remarque : je vous rappelle qu'un œuf fêlé doit être consommé au plus vite, et en tous les cas avant 48 heures.

Avant de le faire cuire, vous pouvez également en frotter la fêlure avec une moitié de citron.

• *Conservation*

En règle générale, n'espérez pas dans le meilleur des cas conserver des œufs frais pendant plus de trois semaines dans votre réfrigérateur. Sachez d'ailleurs que, pour les conserver dans de bonnes conditions, il est nécessaire de suivre les conseils suivants :

- Les entreposer dans un endroit obscur ;
- Ne jamais les laver avant de les ranger, car leur coquille deviendrait perméable ;
- Les œufs ont un sens qu'il est souhaitable de respecter pour les ranger ; à savoir la pointe dirigée vers le bas afin que leur chambre à air reste bien en place.
- Sachez par ailleurs que des œufs plongés quelques instants dans de l'huile d'olive se conserveront frais pendant plus longtemps.

• *Conservation des jaunes*

Ils peuvent être conservés pendant quelques jours à condition d'être recouverts d'eau froide et rangés dans le réfrigérateur.

• *Congélation*

Reconnaissons tout d'abord qu'il est impossible de congeler des œufs entiers car le froid se chargerait d'en briser la coquille. Mais il n'en est pas moins vrai qu'on peut congeler des œufs en procédant ainsi : après avoir mélangé à la fourchette les jaunes et les blancs, ajoutez un peu de sel ou de sucre, selon l'usage que vous en ferez. Répartissez tout simplement ces œufs battus dans un bac à glaçons comportant de préférence de gros alvéoles pour que chaque glaçon corresponde environ à un œuf.

- Une fois ces œufs transformés en glaçons, glissez-les dans des sacs de polyéthylène.

Remarque : sachez que ce procédé de congélation peut fort bien être appliqué séparément aux blancs et aux jaunes.

• *Décoration*

Savez-vous qu'il est tout à fait possible de teinter des œufs en ne faisant appel qu'à des colorants tout à fait naturels ? Selon la couleur que vous souhaitez obtenir, vous pouvez :

- Diluer du safran dans de l'eau pour une coloration orange ;
- Vous servir de jus d'épinards pour une teinte verte ;
- Faire bouillir de la pelure d'oignon pour une nuance jaune ;
- Utiliser du jus de betterave cuite et pressée pour obtenir un œuf teint en rouge.

• *Taches*

- Sur du tissu : il est impératif de n'utiliser que de l'eau froide pour supprimer les taches d'œufs. Généralement, de l'eau savonneuse suffit, mais pour les tissus grand teint, on peut ajouter un peu d'eau de Javel.
- Sur de l'argenterie : voir Argenterie.

Œufs au bacon

Si vous vous étonnez de ne pas réussir à obtenir des œufs au bacon supportant la comparaison avec ceux que l'on mange en Angleterre, voici la réponse à votre question. Des œufs au bacon doivent cuire dans du beurre frais et non pas dans la matière grasse dégagée par le bacon.

Œufs brouillés

• *Réussite*

Leur réussite est délicate, mais ne tient en fait qu'au respect de deux conditions :

- Ils doivent cuire au bain-marie dans un poêlon épais ;
- Pour les remuer, vous ne devez vous servir que d'une cuillère en bois, et procéder doucement, sans écraser et en laissant prendre entre deux tours de cette cuillère.

- *Légèreté*

Si vous battez les blancs en neige, ils seront mousseux et légers.

- *Moelleux*

Ils seront particulièrement moelleux si vous ajoutez une cuillerée de crème fraîche en fin de cuisson, et n'oubliez pas de stopper celle-ci lorsqu'ils seront encore crémeux.

Œufs à la coque

- *Cuisson*

θ→ La règle d'or des trois minutes plus ou moins accomplies selon qu'on les aime à point ou n'on n'est pas le seul procédé permettant d'obtenir des œufs à la coque. En voici un autre, qui donne d'excellents résultats et n'oblige pas à garder l'œil fixé sur l'aiguille d'une montre ou sur un sablier.

θ→ On immerge les œufs dans de l'eau froide et l'on stoppe la cuisson dès que l'eau entre en ébullition. On ne retire les œufs de cette eau chaude qu'après quelques instants que l'on détermine selon que l'on préfère les consommer très cuits ou très fluides.

θ→ Si l'on place une soucoupe retournée à l'intérieur de la casserole recevant les œufs cuits à la coque, on ne risque plus de les voir se fendre en cuisant.

- *Consommation*

Ne vous contentez plus de saupoudrer d'un peu de sel le dessus de votre œuf à la coque, puisqu'en versant sur cette pincée de sel quelques gouttes d'eau bouillante, votre œuf se trouvera uniformément salé et votre plaisir accru.

Œufs durs

- *Cuisson*

θ→ Tout comme pour les œufs à la coque, il existe une autre manière de faire cuire des œufs durs et si vous ne la connaissez pas, je vous la livre bien volontiers : dès que l'eau dans laquelle se trouvent les œufs arrive à ébullition, retirez la casserole du feu, couvrez-la et laissez ainsi pendant une quinzaine de minutes. Ce délai écoulé, rafraîchissez les œufs sous l'eau froide courante car sinon ils continueraient de cuire et le jaune risquerait de verdir.

Cette précaution est valable pour tous les œufs durs, quel que soit le mode de cuisson employé.

Deux astuces à retenir absolument pour qu'ils n'éclatent plus à la cuisson :

Mettre dans leur eau de cuisson deux ou trois allumettes ayant déjà été utilisées. C'est surprenant mais ça marche !

Autre possibilité qui, en leur évitant de danser dans la casserole, résoudra votre problème : percez en leur base, au milieu de la petite bulle d'air, un minuscule trou avec une épingle.

• *Écalage*

Vous ne vous battrez plus avec la coquille des œufs durs au moment de la retirer si vous avez pris la précaution d'ajouter une poignée de gros sel dans leur eau de cuisson.

• *Eau de cuisson*

Ne jetez plus l'eau de cuisson des œufs durs, elle est riche en substances minérales. Laissez-la plutôt refroidir et prenez l'habitude d'arroser régulièrement vos plantes d'appartement avec cette eau de cuisson.

Œufs battus

• *Précaution*

Lorsque, dans une préparation, vous devez vous servir d'œufs battus, ne les salez pas avant de les utiliser car le sel les liquéfierait.

Œufs sur le plat

• *Précaution*

Ne salez pas des œufs sur le plat avant que leur cuisson soit terminée ; sinon, le contact du sel avec le jaune en cours de cuisson provoquerait la formation de taches blanches inesthétiques.

• *Suggestion*

Savez-vous qu'il suffit de poser un couvercle sur le plat ou la poêle dans lequel cuisent les œufs sur le plat pour en faire des œufs miroirs ?

Œufs à la neige

La prochaine fois que vous déciderez de faire ce dessert, faites pocher vos blancs en neige dans du lait chaud additionné de sucre vanillé plutôt que dans de l'eau.

Œufs en neige

• *Précautions*

Pour les réussir et obtenir le volume et la fermeté souhaités, il est indispensable de respecter trois règles essentielles :

- Laisser réchauffer les blancs avant de les battre en neige ;
- Séparer soigneusement les blancs des jaunes car le moindre soupçon de jaune d'œuf nuirait au résultat escompté ;
- Par ailleurs, ne croyez pas gagner du temps en les battant à l'avance car ils retomberaient. Ne le faites donc qu'au dernier moment.

• *Fermeté*

Plusieurs solutions au choix pour obtenir une neige plus ferme :

- Une pincée de sel ;
- Une larme de lait ;
- Un peu de sucre en poudre ;
- Ou un filet de citron.

Oignon

• *Épluchage*

Pour que les larmes ne vous viennent plus aux yeux dès que vous commencez à éplucher un oignon, il ne manque pas fort heureusement de trucs pour lutter contre l'essence volatile lacrymogène responsable de tant d'yeux rougis :

- Les éplucher sous un filet d'eau ;
- S'installer sous une hotte aspirante (quand on en a une !) ;
- Placer les oignons au réfrigérateur ou au freezer quelques instants avant l'épluchage ;
- Porter des lunettes de soleil, des lunettes de ski, voire un masque de plongée ;
- Piquer à la pointe du couteau une boulette de mie de pain ;
- Maintenir dans sa bouche sans l'avaler une gorgée d'eau ;
- Glisser l'oignon, le couteau et vos mains dans un sac en plastique transparent et suffisamment grand pour que vous puissiez y travailler à l'aise.

• *Préparation*

- Pour ne plus risquer de vous couper lorsque vous hachez des oignons, il suffira d'enduire de matière grasse la lame du couteau dont vous vous servez.
- Sachez par ailleurs que si vous avez plusieurs sortes de légumes à éplucher, il est préférable de commencer par les oignons et de terminer par les carottes. Pourquoi ? Parce que la lame du couteau dont vous vous servirez se sera certes imprégnée de l'odeur de l'oignon, mais celle-ci disparaîtra lorsque vous attaquerez les carottes.

• *Acreté*

Les oignons entrent dans la composition de tellement de mets qu'il est extrêmement utile de connaître toutes les astuces en permettant une meilleure utilisation. Entre autres, celles luttant contre leur âcreté ou leur goût parfois trop fort :

⊕ Pour adoucir leur saveur parfois trop piquante, les faire macérer pendant quelques heures dans du jus de citron ou dans de l'huile d'olive ;

⊕ Pour lutter contre leur âcreté et les rendre plus digestes, surtout s'ils sont de grosse taille, les faire blanchir une ou deux minutes avant de les intégrer à une préparation. Mais surtout, les essorer si l'on envisage de les faire blondir.

• *Cuisson*

Vous ne redouterez plus de les voir se défaire en cuisant si vous prenez la précaution de faire une incision en forme de croix à la base de chacun d'eux.

• *A la poêle*

Il suffit de les saupoudrer de farine avant de les faire frire pour qu'ils dorent parfaitement sans noircir.

• *Garniture*

Certes, les petits oignons constituent une parfaite garniture pour de nombreux plats. Mais sachez qu'à défaut vous pouvez fort bien faire blanchir de gros oignons dont vous ne garderez que les cœurs.

• *Suggestion*

Sachez que les queues des petits oignons finement coupées sont excellentes dans une omelette et peuvent parfaitement jouer le rôle de fines herbes.

• *Soupe*

Une astuce bonne à retenir : la prochaine fois que vous ferez une gratinée ou une soupe à l'oignon, remplacez donc le vin blanc par du madère ou du porto, c'est délicieux.

• *Odeur*

Je vous signale que, pour supprimer l'odeur d'oignon d'une poêle ou d'une casserole, il suffit de frotter le récipient avec des feuilles de menthe fraîche.

• *Haleine*

Pour que votre haleine ne porte plus les traces de l'odeur d'oignon, mangez des fèves crues ou de la betterave rouge cuite.

Oignons à fleurs

• *Conservation*

Vous conserverez jusqu'à l'année suivante des oignons de tulipes, par exemple, en les plaçant un par un dans les alvéoles d'une boîte à œufs. Précaution indispensable : percer un trou au fond de chacun d'eux.

Oiseaux

Si vous êtes sensible à la détresse des petits oiseaux en hiver, veillez à toujours disposer sur votre balcon ou le rebord de votre fenêtre un petit récipient rempli d'eau ; n'oubliez pas d'ajouter un peu de sucre à celle-ci pour qu'elle ne risque plus de geler.

Olives

• *Acreté*

Il est parfois nécessaire de diminuer l'âcreté des olives avant de les intégrer à certaines préparations. Pour ce faire, il suffit de les laisser séjourner pendant une dizaine de minutes dans une eau en ébullition.

Olives noires

• *Conservation*

Certes, vous pouvez vous contenter de les laisser tremper dans un bain d'huile d'olive. Mais il est également tout à fait possible d'en améliorer la saveur du même fait. Voici comment : après les avoir recouvertes d'huile d'olive, ajouter deux gousses d'ail, du thym et un peu de sarriette. Laisser macérer pendant une huitaine de jours et, au fur et à mesure de votre consommation, vous pourrez ajouter de nouvelles olives.

Surtout, ne jetez pas l'huile une fois le pot terminé, puisque après l'avoir tamisée, elle donnera à vos salades un parfum délicieux.

Olives vertes

• *Consommation*

Placez-les dans un petit bocal de verre ou de faïence en compagnie du liquide dans lequel elles baignaient. Si celui-ci ne les recouvre pas complètement, ajoutez un peu d'eau salée. Fermez soigneusement le pot et conservez-le dans un endroit frais.

Omelette

• *Moelleuse*

Le principe de base d'une omelette mœlleuse : se contenter de percer les jaunes et de les mélanger aux blancs sans insistance, et surtout ne pas trop battre ce mélange.

• *Volumineuse*

C'est en ajoutant tout simplement un peu de lait ou d'eau aux œufs battus que l'on obtient une omelette plus volumineuse.

• *Au roquefort*

Plutôt que d'ajouter du sel, contentez-vous de poivre, qui renforcera la saveur du fromage.

Ongles

• *Impeccables*

Vous pouvez parfaitement être votre propre manucure et assurer à vos ongles une propreté impeccable en ayant recours à deux procédés tout à fait à votre portée :

→ Pour un entretien régulier, enfoncez vos ongles dans un demi-citron déjà pressé. Ils en ressortiront parfaitement blancs et fortifiés ;

→ Après des travaux qui ont noirci vos ongles, trempez un coton-tige dans un peu d'eau oxygénée et passez-le sous vos ongles. Ils redeviendront propres.

• *Fragiles*

→ Badigeonnez chaque jour le pourtour de vos ongles avec de l'iode et faites-leur prendre ensuite un bain dans de l'eau tiède additionnée de quelques gouttes de jus de citron ;

→ L'ail est également un excellent fortifiant. Si son odeur ne vous rebute pas trop, frottez-en vos ongles régulièrement ;

→ Un massage avec un mélange d'huile d'olive et de citron chaque soir avant de vous coucher leur fera également le plus grand bien.

• *Cassants*

Vous leur rendrez leur santé et leur vigueur en leur faisant prendre chaque soir un bain dans de l'huile d'olive tiède, puis en les badigeonnant d'alcool iodé.

Oranges

• *Zestes*

Vous pouvez obtenir très facilement et sans bourse délier de parfaits fruits confits pour parfumer vos pâtisseries en pensant à ne plus jeter les écorces d'oranges.
Après en avoir retiré toute la partie blanche, lavez-les et faites-les cuire dans du sirop de sucre. Il ne vous restera plus ensuite qu'à les découper en petits dés et à les placer dans un bocal hermétique ou une boîte en fer pour les conserver parfaitement.

Oreiller

• *Précaution*

Rien n'est plus désagréable que d'être importuné par les plumes qui réussissent à se frayer un chemin à travers les fibres de la taie d'un oreiller.

Pour que pareil désagrément ne vous arrive pas, deux astuces :

- Badigeonner l'envers de la sous-taie avec une eau légèrement amidonnée ;
- Ou encore frotter cet envers avec du savon très sec.

Os à moelle

Il est indispensable de prendre ses précautions pour que la moelle d'un os ne s'échappe plus pendant la cuisson. On y parvient très bien si :

- On met quelques grains de gros sel dans la moelle, de chaque côté de l'os ;
- On obture l'ouverture de l'os avec une rondelle de carotte crue ;
- On enveloppe l'os dans un tissu très aéré.

Osier

• *Nettoyage*

Vous parviendrez à débarrasser de sa poussière un objet en osier en le frottant énergiquement avec une petite brosse trempée dans une solution de bicarbonate de soude (comptez deux cuillerées à café pour un litre d'eau tiède).

• *Grincements*

Les sièges en osier ont parfois le désagréable inconvénient d'émettre des grincements que l'on souhaiterait pouvoir faire taire. Pour y parvenir, il suffit de graisser les jointures et le meilleur produit à utiliser, c'est l'huile de paraffine.

Ourlet

• *Fil*

La prochaine fois que vous ferez un ourlet sur un vêtement de tissu épais, plutôt que d'utiliser du fil ordinaire, qui risque de déformer le tissu et de se casser, cousez-le avec du fil élastique vendu en bobines.

• *Couture*

Pour qu'un ourlet soit plus solide, et afin de vous mettre à l'abri de mauvaises surprises en cours de journée, pensez, lorsque vous le cousez, à faire tous les dix centimètres environ trois ou quatre points les uns sur les autres.

• *Trace*

Raccourcir un vêtement n'a jamais présenté aucun problème, mais pour le rallonger, on hésite toujours par crainte de la trace apparente laissée par l'ancien ourlet. Ce problème se pose plus particulièrement avec les enfants qui grandissent. Il existe pourtant une astuce pour atténuer considérablement la marque de l'ancien ourlet : passer sur la trace à faire disparaître un morceau de savon sec que l'on aura auparavant aiguisé en pointe. Repasser ensuite en intercalant une feuille de papier de soie.

Un autre procédé pour lutter contre la trace laissée par un ancien ourlet : coudre à grands points un fil sur toute la marque gênante, et ceci sur l'endroit du tissu. Repasser ensuite sur l'envers avant de retirer ce fil provisoire.

Ours en peluche

Il est le meilleur compagnon de votre enfant, et vous lui devez en conséquence tous les ménagements et tous les soins dus à un ami. Si, à force d'être enlacé, à force de participer à tous les jeux et d'être même parfois un peu maltraité, il a besoin d'un sérieux coup de toilette, voici comment procéder et je vous conseille de rendre votre enfant complice de cette séance de remise à neuf : frottez-le avec un tampon légèrement imbibé de pétrole. Au bout de quelques heures, nettoyez-le avec un produit en bombe que l'on trouve dans le commerce pour rénover les tapis. Laissez-le ensuite sécher dans un endroit aéré, puis brossez-le délicatement.

Outil

• *Précaution*

Tous les bricoleurs débutants connaissent la douleur provoquée par leur manque d'habitude : intérieur des paumes des mains abîmé, voire apparition d'ampoules. En conséquence, si vous n'avez pas les mains endurcies d'un professionnel, prenez la précaution d'enduire de paraffine le manche en bois des outils que vous manipulerez.

• *Chute*

Si vous devez travailler à l'aide d'outils en étant perché sur un escabeau, épargnez-vous de la peine en vous garantissant contre la chute de votre marteau ou de votre tournevis que vous seriez obligé de descendre ramasser (sans compter le risque pour les personnes se trouvant près de l'escabeau). Pour ce faire, clouez deux bandes de caoutchouc sur l'une des marches de votre escabeau, et prenez l'habitude d'y glisser vos outils.

P

Paëlla

Pour que le riz de votre paëlla ne risque plus de coller à la poêle, procédez ainsi : faites-y revenir un oignon dans de l'huile très chaude, et laissez-le jusqu'à ce qu'il brûle. Jetez alors le tout, mais surtout sans essuyer la poêle. C'est à cette condition que le riz n'accrochera pas.

Paillasson

- *Nettoyage*

C'est en le saupoudrant de marc de café humide et en le brossant énergiquement que vous lui rendrez sa propreté.

Paille

- *Entretien*

Pour la nettoyer parfaitement, il suffit de la brosser avec un peu de jus de citron et de laisser sécher.

Pain

- *Frais*

Pour couper facilement des tranches de pain frais, il suffit d'ébouillanter la lame du couteau dont on se sert.

• *Conservation*

La solution la plus évidente pour conserver du pain consiste à le placer tout simplement au conservateur ou au congélateur. Si vous n'en disposez pas, ou si vous ne voulez pas attendre le temps nécessaire pour que le pain, une fois sorti, se décongèle, d'autres solutions s'offrent à vous :

- Vous pouvez placer ce pain dans le bas de votre réfrigérateur ;
- Il se conservera également si vous l'enfermez dans un sac en plastique percé de quelques trous ou dans un sac en tissu aéré ;
- S'il s'agit d'un morceau de pain pas très important, enfermez-le dans une boîte en métal en compagnie d'une pomme de terre épluchée.

• *Restes*

Il est d'autant moins pardonnable de jeter des restes de pain que les usages que l'on peut en faire sont multiples : pain perdu, chapelure, pudding... sans oublier les croûtons, à propos desquels je vous signale un truc bon à retenir : il est de beaucoup préférable d'utiliser du pain rassis plutôt que du pain frais, qui présenterait l'inconvénient d'absorber beaucoup trop de graisse ou de sauce.

Pantalon

• *Repassage*

Pour que les plis d'un pantalon restent marqués de manière beaucoup plus durable, prenez l'habitude de les repasser au travers d'un morceau de papier kraft que vous réserverez à cet usage.

• *Velours côtelé*

Voici un truc qui présente un double avantage, puisqu'il vous évite le repassage des pantalons en velours côtelé, d'où gain de temps mais également protection de ce vêtement, puisque ses côtes ne seront plus écrasées par le passage de votre fer. Il vous suffit en effet, alors qu'il est encore mouillé, de le brosser énergiquement dans le sens des côtes avec une brosse dure et de le laisser sécher ainsi sur un cintre à pinces.

• *Rangement*

Rien de plus énervant que des pantalons qui glissent de la barre des cintres sur lesquels ils reposent. Pour que cela ne vous arrive plus, il vous suffira de changer vos habitudes et il ne vous en coûtera ni temps ni argent, mais seulement un peu d'astuce. Maintenez le cintre dans l'entre-jambe du pantalon, passez la jambe gauche à cheval sur sa barre, puis la jambe droite par-dessus. Plus de risque de chute.

Autre inconvénient que l'on rencontre lorsqu'on n'utilise pas des cintres à pinces pour le rangement des pantalons : la marque d'un pli à la hauteur des genoux. Ce conseil vaut d'ailleurs aussi pour les robes longues, qui sont souvent en tissu léger, et prennent donc facilement un mauvais pli. Pour pallier cet inconvénient, livrez-vous à un petit travail que vous ne regretterez pas d'avoir accompli. Récupérez les cylindres de carton léger qui servent de support à de nombreuses sortes de papier (adhésif, cadeau, essuie-tout et même toile cirée). Découpez une fente sur toute la longueur du rouleau de manière à pouvoir le glisser autour de la barre de votre cintre. Le reste est un jeu d'enfant, puisqu'il suffit de fermer ce rouleau découpé grâce à du ruban adhésif afin de pouvoir ensuite ranger votre pantalon normalement.

• *Bagages*

La prochaine fois que vous partirez en voyage, pensez à rouler vos pantalons avant de les mettre dans votre valise. Ainsi, ils ne porteront plus de marque de pliure et se froisseront beaucoup moins.

Papier

• *Taches grasses*

D'une manière générale, pour faire disparaître les taches de graisse sur du papier, il faut, après avoir placé un buvard blanc sous celui-ci, imbiber les parties tachées de quelques gouttes de tétrachlorure de carbone.

• *Préservation*

Il peut être indispensable, dans certains cas, de protéger des papiers devant être manipulés très souvent (identité, plans, cartes...). Sachez que vous pouvez le faire vous-même et voici comment : procurez-vous du collodion (c'est une solution de nitrocellulose dans un mélange d'alcool et d'éther que l'on utilise en pharmacie et en photographie) et de la stéarine. Mélangez à raison de 24 % de stéarine. Étalez votre papier sur une surface bien plane et versez dessus le mélange obtenu. Un quart d'heure après, cet enduit protecteur sera sec et votre papier parfaitement protégé pourra même, ultérieurement, être lavé à l'eau.

• *A lettres*

Certes, vous pouvez trouver du papier à lettres parfumé dans le commerce, mais personnellement, je crois que la personne à laquelle on écrit préfère reconnaître, en lisant votre lettre, votre parfum préféré. D'où la nécessité de revenir à une astuce chère à nos grand-mères : imbiber quelques feuilles de papier buvard de votre parfum, les laisser sécher et les placer ensuite entre les feuilles de votre papier à lettres.

Papier peint

• *Encollage*

Prenez exemple sur les colleurs d'affiches que vous pouvez observer dans la rue et, après avoir étalé la colle au pinceau, pliez le papier sur lui-même avant de l'appliquer sur le mur auquel il est destiné.

• *Pose*

θ→ Si le mur sur lequel vous voulez coller du papier peint est en plâtre, n'espérez pas y parvenir si vous ne prenez pas la précaution suivante : mouillez ce mur sans hésitation, sinon le plâtre absorberait toute la colle du papier avant qu'elle ait eu le temps de faire son effet.

θ→ Pour couper le bas d'un lé de papier au-dessus d'une plinthe je vous propose une astuce qui a fait ses preuves : prendre une spatule à enduire, et en appliquer la lame dans l'angle formé par le mur et le dessus de la plinthe. Cette spatule vous permettra de guider très précisément une lame de rasoir afin d'obtenir une coupe parfaitement nette et précise.

θ→ Il est bien certain que la solution idéale pour coller du papier peint derrière un radiateur, c'est de le démonter. C'est parfois très difficile, pour ne pas dire impossible, c'est pourquoi je vous livre l'astuce vous permettant de sortir d'embarras : pour guider le lé du papier peint dans l'intervalle entre le mur et le radiateur, fixez à chaque angle inférieur de ce lé deux pinces à linge auxquelles vous aurez accroché un petit morceau de ficelle. Vous pourrez contrôler le papier peint dans sa descente, à condition bien sûr de vous faire aider par quelqu'un, car vous ne pourrez à la fois tenir le lé et les deux bouts de ficelle.

• *Cloqué*

Même si votre déception est grande en constatant l'apparition de cloques sur un papier peint fraîchement posé, tout n'est pas perdu.

θ→ Sachez tout d'abord que, s'il s'agit de nombreuses petites bulles, il n'est pas nécessaire d'intervenir, car elles disparaîtront d'elles-mêmes lorsque le papier se sera tendu en séchant complètement.

θ→ En revanche, s'il s'agit de cloques plus importantes, cela peut être dû à un mauvais encollage, ou bien au fait qu'il n'a pas été lissé partout. Votre dernier recours est de piquer chaque cloque avec une épingle, de manière à chasser l'air, et de maroufler délicatement avec un chiffon.

θ→ Si l'encollage est insuffisant, et que la cloque soit de trop petite taille, n'hésitez pas à injecter un peu de colle à l'aide d'une seringue.

θ→ Les très grosses cloques seront incisées en croix avec une lame de rasoir, ce qui vous permettra d'ailleurs d'encoller à nouveau les quatre coins ainsi dégagés.

• *Décollage*

Rude épreuve que le décollage d'un vieux papier peint. Pour vous faciliter la tâche, soyez prévoyant et prenez la précaution de mouiller abondamment le papier à décoller la veille du jour où vous comptez vous mettre au travail.

Certes, il existe dans le commerce un appareillage diffusant de la vapeur d'eau chaude afin de faciliter le décollage. Mais vous pouvez fort bien improviser vous-même le système suivant qui vous donnera autant de satisfaction :

⊖› Retirez le bouchon de la soupape de sécurité de votre autocuiseur. Fixez un tuyau de caoutchouc sur l'orifice qui laisse donc échapper la vapeur. Adaptez l'autre extrémité de ce tuyau à l'embout de la soupape de sécurité d'un second couvercle d'autocuiseur.

La suite est simple à deviner : vous plaquerez ce second couvercle contre le papier peint que vous voulez enlever.

Parapluie

• *Nettoyage*

Pour faire disparaître les taches sur un parapluie, ne les brossez pas, laissez-les sécher et enlevez-les avec un chiffon imbibé d'ammoniaque et d'eau tiède.

• *Imperméabilité*

Il ne laissera plus passer la pluie si vous badigeonnez de l'alun sur toutes les parties devenues perméables.

Pare-brise

• *Givre*

C'est grâce au sel que vous parviendrez le plus facilement à dégivrer votre pare-brise. Vous pourrez en effet, au choix, selon les éléments dont vous disposez et votre degré de prévoyance, procéder ainsi :

⊖› Si vous avez un peu de temps, vous pouvez éviter de vous geler les mains en posant sur le dessus du pare-brise un sac en tissu léger ou un bas de nylon usagé rempli de gros sel. L'eau salée qui s'écoulera fera fondre le givre et vous disperserez le tout en faisant marcher vos essuie-glaces ;

θ→ Si le temps presse, frottez directement le givre avec le sac ou le bas rempli de gros sel ;

θ→ Si vous êtes prévoyants, ou si le givre est trop épais, ajoutez un peu d'alun à de l'eau fortement salée et frottez-en votre pare-brise.

θ→ Si vous êtes plus cigale que fourmi, et que comme défaut supplémentaire, vous ayez celui de fumer, récupérez un peu de tabac et frottez-en votre pare-brise. Ce n'est pas très appétissant, mais c'est une astuce de dépannage.

• *Graisse*

La graisse qui se colle à votre pare-brise, vous empêchant d'avoir une bonne visibilité, se dissipera très facilement si vous le frottez avec un oignon coupé en deux.

Parquet

• *Bois blanc*

θ→ Il est parfois indispensable de blanchir un parquet de bois blanc. Pour y parvenir, il faut le laver à l'eau chaude javellisée (huit cuillerées à soupe pour un litre d'eau) et le rincer à l'eau ammoniaquée (une cuillerée à café par litre).

θ→ Pour supprimer les taches de graisse, les recouvrir d'une couche épaisse de cendres chaudes et laisser reposer vingt-quatre heures avant de les retirer. Frotter ensuite l'auréole à l'essence minérale.

• *Ciré*

Sachez qu'il est tout à fait inutile et même déconseillé de cirer l'emplacement d'un parquet sur lequel repose un tapis. Cela ne ferait qu'encrasser ce dernier, et l'entraîner à glisser, risquant ainsi de provoquer des accidents.

• *Glissant*

Pour qu'il ne ressemble plus à une patinoire, ayez recours à de la colophane ou de la résine en poudre très fine, que vous répartirez sur toute sa surface avec un balai.

• *Grinçant*

Rendez-lui son mutisme et n'appréhendez plus de faire le moindre pas puisqu'il suffit de mettre du talc dans ses fentes pour que votre parquet ne grince plus.
Il est évident que vous devez procéder avec minutie et uniquement sur un parquet parfaitement sec.

Patchwork

• *Tricot*

Si, après avoir longuement tricoté un dessus de lit en patchwork, c'est-à-dire à l'aide de laines de multiples couleurs, et qu'une fois votre travail terminé, vous n'êtes pas très satisfaite de l'harmonie obtenue, ne soyez pas trop déçue car tout est rattrapable : en effet, en plongeant tout simplement ce dessus de lit dans un bain de teinture bleu très pâle, il en ressortira avec un camaïeu très agréable à l'œil.

Pâte à tarte

• *Cuisson*

Si vous faites cuire votre pâte à tarte à blanc sans autre précaution, elle va gonfler en cuisant et vous serez extrêmement mal à l'aise pour la garniture.
Certes, vous pouvez la recouvrir de légumes secs ou de petits cailloux avant de l'enfourner, mais connaissez-vous cet autre procédé, plus efficace, et qui fait appel à des macaronis ?

⊕ Il vous faut piquer au centre de la pâte des morceaux de macaroni qui feront office de conduit de cheminée et empêcheront donc votre pâte de gonfler.

⊕ Il est parfois des détails auxquels, si l'on n'y prend pas garde, tient l'échec et, dans le cas précis, celui de la cuisson d'une pâte. C'est ainsi qu'il ne faut jamais poser le moule à tarte sur la grille du four, mais plutôt sur la plaque de celui-ci.

⊕ Un petit détail qui n'a l'air de rien, mais qui change tout : n'oubliez pas de poser sur la sole du four un récipient rempli d'eau qui, en humidifiant l'atmosphère, sera garant du moelleux de votre pâte.

Pâte brisée

• *Réussite*

Il est essentiel d'en mélanger très rapidement les ingrédients pour s'assurer de sa réussite, mais sachez également que celle-ci sera plus certaine si, à la place de l'eau, vous vous servez de deux glaçons.

• *Légère*

⊕ Pour qu'elle soit plus légère, il suffit de remplacer le beurre par de la crème de lait cuite, et de procéder exactement de la même manière qu'à l'accoutumée.

⊕ En ajoutant un jaune d'œuf et en remplaçant le beurre par un pot de yaourt, vous vous étonnerez également de sa légèreté.

Pâte feuilletée

• *Rapide*

Vous ne renoncerez plus à la pâte feuilletée, qui demande du savoir-faire et du temps, quand vous découvrirez l'astuce suivante : en mélangeant 70 grammes de beurre à trois petits-suisses et en ajoutant 130 grammes de farine, vous obtiendrez une pâte feuilletée originale et délicieuse.

Pâtes alimentaires

• *Cuisson*

⊕ Au départ, le secret de la réussite tient à peu de chose : la dimension du récipient et la quantité d'eau. Un grand fait-tout aux bords assez hauts convient parfaitement, et il doit être rempli aux deux tiers sans hésitation.

⟿ L'eau doit être en pleine ébullition au moment où l'on y jette les pâtes, et je vous recommande d'y ajouter une cuillerée à soupe d'huile pour les empêcher de coller entre elles.

⟿ Il est tout à fait recommandé de stopper net la cuisson des pâtes dès qu'elles sont à point. Pour y parvenir, il suffit d'ajouter un demi-verre d'eau froide avant de les égoutter.

• *Égouttage*

Ne négligez pas cette étape, qui a tout autant d'importance que celle de la cuisson, surtout si vos pâtes ont séjourné un peu trop longtemps dans l'eau bouillante. En effet, en les passant très rapidement sous un jet d'eau froide, vous leur rendrez leur fermeté.

• *Restes*

Nous hésitons souvent à faire réchauffer un reste de pâtes, car cette opération, si elle n'est pas bien menée, est quasi impossible à réussir. Elle devient pourtant simple si on plonge les pâtes quelques instants dans l'eau bouillante et qu'on les égoutte très rapidement.

Pâté

• *Parfum*

Vous pouvez facilement parfumer vous-même un pâté fait maison et voici comment : faire deux trous dans le hachis, une fois que la terrine est remplie (vous pouvez très bien les faire avec le manche d'une petite cuillère). Verser alors dans les petites cavités un peu d'alcool sec et laisser reposer quelques heures avant de faire cuire.

Patine

• *Argent*

C'est le temps qui donne à l'argent cette patine à l'ancienne qui en est l'un des charmes essentiels. Il est cependant tout à fait possible de tricher, grâce à un produit d'entretien bien connu : l'eau de Javel. Après en avoir badigeonné l'objet, vous le verrez noircir assez rapidement, surtout dans les parties creuses. Il ne vous restera alors qu'à le polir superficiellement avec votre produit habituel, afin d'aviver et faire briller les reliefs.

Paupières

Si vous vous réveillez un matin avec les paupières fripées ou gonflées, appliquez une compresse imprégnée d'une infusion de camomille.

Un glaçon passé délicatement sur vos paupières sera également du meilleur effet.

Paupiettes

• *De veau*

Un truc pour agrémenter et rendre plus savoureuses les paupiettes : intercaler entre l'escalope et la tranche de jambon un hachis d'herbes et une tranche de gruyère.

Peau

• *Bain de beauté*

Pourquoi ne pas vous offrir le luxe d'adoucir votre peau en prenant un bain de lait ? Ajoutez donc trois litres de lait de ferme à l'eau qui remplit votre baignoire, vous pourrez vous dispenser de l'usage du savon et votre peau sera toute douce.
Voir aussi : Bain (de beauté).

• *Douce*

Sur toutes les parties rugueuses de votre peau, pensez, au sortir du bain, à appliquer un peu d'huile ordinaire ou d'huile d'amandes douces. Essuyez ensuite avec un tampon de coton ou un papier absorbant.

• *Visage*

Pour nettoyer parfaitement la peau de votre visage, mélangez un jaune d'œuf avec quelques gouttes de jus de citron et d'huile d'amandes douces. Vous laisserez reposer ce mélange pendant une dizaine de minutes avant de rincer à l'eau tiède.

θ→ Si vous avez les pores dilatés, resserrez-les en appliquant sur votre visage une lotion astringente ainsi obtenue : un jus d'orange additionné du tiers de son volume d'eau de rose.

- *Irritée*

Appliquez régulièrement des compresses imbibées d'infusion de tilleul ou de camomille.

Peau de chamois

- *Nettoyage*

Ne jetez jamais une peau de chamois, même très sale, puisqu'il est tout à fait possible de la récupérer. Il suffit pour cela de la laisser tremper pendant trois heures dans une eau fortement savonneuse additionnée d'un peu de bicarbonate de soude, de frotter, puis de laisser sécher à l'ombre.

- *De remplacement*

Si vous ne disposez pas d'une peau de chamois, notamment pour lustrer certains métaux, sachez qu'il existe une solution de remplacement : un linge propre saupoudré de farine.

Pêche

Pour éplucher avec le minimum de difficulté une pêche, plongez-la quelques secondes dans de l'eau bouillante.

Peigne

- *Nettoyage*

Un bain dans de l'eau tiède légèrement additionnée d'ammoniaque le rendra tout à fait propre.

Peinture

• *Pot*

Il est indispensable de résoudre des petits problèmes pratiques avant d'entamer des travaux de peinture, afin de ne pas être par la suite retardé ou gêné. C'est ainsi que vous avez tout intérêt à prendre deux précautions concernant votre pot de peinture :

⟴ Coller sous celui-ci une des assiettes plastifiées dont vous vous servez lorsque vous emmenez votre famille en pique-nique. Cette assiette récupérera les bavures et vous offrira du même fait un support pour poser votre pinceau.

⟴ Au fur et à mesure que vous prélèverez de la peinture de sa boîte d'origine, vous aurez tendance à essorer légèrement votre pinceau sur son bord, d'où des coulures très rapidement envahissantes. Pour résoudre ce problème, pensez avant usage à couvrir le rebord du pot d'aluminium ménager que vous jetterez ensuite.

• *Préparation*

Avant de l'utiliser, n'hésitez pas à la battre et pour cela utilisez un vieux fouet à pâtisserie.

• *Trop épaisse*

Si la laque que vous vous apprêtez à utiliser vous semble trop épaisse pour être appliquée telle quelle, ne la diluez surtout pas car vous lui feriez perdre son pouvoir couvrant. Faites-la tout simplement chauffer au bain-marie ; vous l'appliquerez alors sans mal.

• *Filtre*

Il est pratiquement toujours nécessaire de filtrer la peinture d'une boîte entamée afin d'en éliminer les impuretés qui s'y sont formées. Savez-vous qu'un vieux bas nylon constitue un excellent filtre ? Et je vous signale par ailleurs que, pour essuyer un mur avant de le laquer, vous pourrez en utiliser un autre en tant que chiffon. Il présentera l'avantage de ne pas pelucher.

• *Sur échelle*

Vu de l'extérieur, le spectacle offert par le peintre amateur perché sur un barreau d'une échelle et se démenant pour tenir à la fois son pinceau et sa boîte de peinture, tout en restant en équilibre, est fort cocasse. Mais côté efficacité, c'est une autre affaire, alors vite un truc !

Placer le pot de peinture à l'intérieur d'un seau et accrocher tout simplement celui-ci à un barreau de l'échelle. Tout deviendra simple.

• *Rouleau*

C'est toujours un problème que de tremper, de nettoyer et d'essorer un rouleau de peinture entre deux utilisations. La solution ? Supprimer cette étape, en l'enveloppant tout simplement dans une feuille de papier d'aluminium ménager. En chasser au maximum l'air contenu dans l'emballage et, 48 heures après, ce rouleau sera tout à fait prêt à remplir sa fonction pour la seconde couche.

• *Contour*

Pour un travail minutieux, par exemple la peinture des baguettes, deux astuces :

- Entourer les poils du pinceau d'un élastique, de manière à les empêcher de dévier en cours d'exécution ;
- Coller du papier adhésif sur le pourtour ne devant pas être peint.

• *Des fenêtres*

Plusieurs possibilités pour travailler sans peindre les vitres :

- Même principe que précédemment, avec le ruban adhésif ;
- Frotter les vitres avec un demi-oignon ;
- Ou les enduire de glycérine.

• *Murs*

- Il est un principe de base qu'il faut respecter lorsqu'on peint un mur : commencer par le haut et non pas l'inverse.

⊕ En voici un second : diviser le mur en panneaux, afin de procéder progressivement et ne jamais s'arrêter de peindre avant d'avoir terminé le panneau en cours.

• *Portes*

Si vous ne pouvez pas enlever les boutons des portes que vous allez peindre, protégez-les en les enfermant dans un petit sac en plastique ou encore en les badigeonnant de pétrole.

• *Plafond*

La prochaine fois que vous peindrez un plafond, pensez à le faire en commençant du côté où vient la lumière.

• *Séchage*

Pour que des insectes ne risquent plus de venir se coller sur une peinture fraîche, incorporez quelques gouttes d'huile camphrée dans le pot. L'odeur dégagée suffira à les en détourner. Cette mesure est évidemment réservée aux peintures à l'huile.

• *Conservation*

Lorsqu'on garde un pot de peinture entamé, il se forme sur le dessus une peau très gênante. Pour en éviter la présence, transvaser la peinture, si besoin est, dans un récipient fermant très hermétiquement et retourner celui-ci.

• *Restes*

Certaines peintures à l'eau, si elles ne sont pas conservées dans de très bonnes conditions, peuvent tourner. Pour les rendre de nouveau utilisables, il suffit d'ajouter un peu de bicarbonate de soude et de bien mélanger.

• *Odeur*

Vous pouvez agir à deux niveaux pour éviter les désagréables odeurs de peinture :

⊕ Au niveau du pot dans lequel vous pouvez ajouter deux cuillerées à soupe d'extrait de vanille par litre de peinture ;

⊕ Au niveau de la pièce dans laquelle vous travaillez en y plaçant un récipient d'eau froide contenant un gros oignon coupé ou encore une assiette remplie de mie de pain ;

Enfin, pour agir une fois les travaux de peinture terminés, laissez des récipients remplis de lait à même le sol.

• *Nettoyage*

Lessiver les murs d'une pièce quelle qu'elle soit représente toujours un travail fastidieux, surtout si on n'a pas recours à quelques astuces permettant de l'accomplir avec plus de facilité :

C'est ainsi que, si vous placez au milieu de la pièce un récipient rempli d'eau bouillante, en maintenant bien entendu portes et fenêtres fermées, la buée, en se condensant sur les murs, vous permettra de les nettoyer plus facilement ;

En ce qui concerne plus particulièrement le lessivage de votre cuisine, pensez à ajouter du gros sel dans l'eau savonneuse dont vous allez vous servir, car ainsi les graisses et les fumées se décolleront beaucoup mieux.

• *Entretien*

Une fois vos peintures lavées et sèches, passez sur toute leur surface, à l'aide d'une grosse éponge, de l'eau légèrement amidonnée. Lorsque vous devrez les laver la prochaine fois, vous y parviendrez avec beaucoup moins de peine.

• *Traces de doigts*

En dépit de toutes les précautions que l'on peut prendre ou que l'on s'efforce d'exiger de ses enfants, il arrive fréquemment que des peintures soient souillées par des traces de doigts. Pour les enlever sans qu'il y paraisse, deux solutions :

Frotter les taches avec une pomme de terre coupée en deux ;

Ou avec un chiffon enduit de paraffine.

• *Taches sur du bois*

Une astuce originale et dont la découverte est due au hasard : savez-vous que le produit en bombe dont vous vous servez pour décaper votre four fera disparaître les taches de peinture sur du bois si, après l'avoir laissé agir pendant un quart d'heure, vous les frottez avec un chiffon ?

- *Taches sur tissu*

Si vous vous en apercevez alors que les taches sont encore fraîches, rien ne vaut l'essence de térébenthine.

Si le mal est plus ancien, lavez la tache à l'eau savonneuse et laissez le tissu immergé dans cette eau pendant plusieurs heures. Une fois la peinture ramollie, grattez-en le maximum avec un couteau et terminez avec de l'essence de térébenthine.

- *Taches sur les vitres*

Si ces taches ne sont pas trop importantes, et si vous prenez toutes les précautions d'usage (voir à : Lames de rasoir), vous les supprimerez en les grattant avec une lame de rasoir.

Pour des coulures plus importantes, imbibez la peinture avec de l'alcool à brûler avant de la gratter.

Peluches

- *Tricot*

Il arrive assez souvent qu'un tricot peluche au point qu'on renonce à le porter. Cependant, à condition de faire preuve d'un peu d'habileté, il peut être récupéré en passant délicatement sur la laine un rasoir à lame, voire même un rasoir électrique.

Pendule

- *Graissage*

Savez-vous que vous pouvez vous-même graisser une pendule sans aucune obligation de démontage ? Pour ce faire, repérez à l'arrière du boîtier un orifice au travers duquel vous projetterez à l'aide d'un vaporisateur une huile très fluide. Vous atteindrez ainsi sans peine les pièces les plus cachées.

Perce-oreilles

Ils adorent les endroits obscurs et frais, et pour les circonvenir, je vous propose une astuce fort simple : placer dans leurs coins favoris des morceaux de paille que vous aurez préalablement coupés sur une longueur d'environ dix centimètres. La nuit, ils y trouveront refuge, et le matin, vous n'aurez qu'à vous débarrasser de ces morceaux de paille et de leurs habitants.

Persil

• *Conservation*

θ→ Pour conserver pendant quelques jours du persil frais, prendre l'habitude de le plonger, la tête en bas, dans un bol rempli d'eau et placer le tout au réfrigérateur.

θ→ Pour avoir toujours du persil frais à disposition, voici ce que je vous propose : après l'avoir lavé et séché, coupez-en les queues et hachez-en les feuilles. Enfermez-les ensuite dans un bocal que vous conserverez au réfrigérateur. Ce procédé permet d'avoir du persil frais pendant une quinzaine de jours.

Persil frit

Un peu de persil frit rend de multiples services, ne serait-ce qu'en tant que garniture. Pour faire frire du persil sans risque de brûlure, rassemblez-le en un bouquet maintenu par une ficelle suffisamment longue pour que vous puissiez le plonger dans l'huile bouillante sans difficulté.

Petit fours

Ils sont délicieux, à condition de rester moelleux. Pour les préserver du dessèchement, enfermez-les dans une boîte en compagnie d'une pomme préalablement lavée et essuyée.

Petits pois

Les petits pois sont sans doute les légumes que l'on utilise le plus sous forme de conserves. Pour leur rendre leur saveur originelle, ajoutez-leur un morceau de sucre pendant que vous les faites chauffer.

Photographie

• *Nettoyage*

Comme tout autre objet ou bibelot, une photographie laissée à l'air libre est rapidement recouverte de poussière et nécessite un entretien. Pour la nettoyer sans aucun risque, frottez-la délicatement avec un tampon imbibé d'alcool à 90°.

• *Affichage*

Si vous aimez vivre dans une pièce dont les murs soient égayés par des photographies, voici comment éviter de les enlaidir et même de les abîmer par des punaises ou des morceaux de ruban adhésif.
Appliquer sur le mur, à l'endroit prévu pour les angles de la photographie, un morceau de ruban adhésif maintenu par une punaise, mais en veillant bien entendu à ce que la face collante soit tournée vers vous. Il ne vous restera plus qu'à coller l'envers de votre photographie sur ces quatre coins adhésifs et les punaises se trouveront, de ce fait, entièrement dissimulées.

• *Album*

Les albums de photographies reviennent à la mode, et c'est justice. Un simple conseil : pensez toujours à glisser sous la photo le négatif correspondant. Vous ne le regretterez pas le jour où vous voudrez faire de nouveaux tirages.

Pile électrique

• *Utilisation*

Les piles électriques sont très sensibles à l'humidité et aux changements de température. Pour garantir la vôtre de ces deux risques, pensez à l'envelopper dans du papier, en laissant dépasser les lamelles qui font contact, avant de l'intégrer dans son boîtier.

• *Durée*

C'est toujours lorsqu'on en a besoin que l'on découvre qu'une pile électrique est arrivée à bout de souffle. Pour lui redonner un dernier sursaut d'efficacité, posez-la quelques instants sur une source de chaleur : un radiateur fait très bien l'affaire.

Pinces à linge

Il est tout à fait possible d'étendre du linge sur une corde, même si l'on ne dispose pas d'assez de pinces à linge pour le suspendre. Pour ce faire, il suffit d'adopter le principe des cordelières et de torsader la corde à linge avant de la fixer. Ainsi, en l'écartant entre deux torsades, on peut très facilement y glisser les coins du linge à étendre.

Pinces à vélo

Si vous êtes un fervent de la « petite reine » et que vous adoriez les balades à bicyclette, voici comment protéger le bas de vos pantalons sans faire appel aux pinces à vélo, que l'on égare régulièrement : coudre un bouton-pression à l'intérieur du bas du pantalon, en veillant à le faire du côté opposé au pédalier.

Pinceau

• *Première utilisation*

Pour qu'un pinceau neuf vous fasse un long usage et se nettoie beaucoup plus facilement, faites-lui prendre un bain d'huile de lin, et ceci pendant une dizaine d'heures, avant de vous en servir.

• *Utilisation*

Pour supprimer tout risque de coulure le long du manche, et par conséquent sur votre main et votre poignet, ayez recours au truc suivant : coupez en deux une vieille balle de tennis en caoutchouc, et percez-y un trou correspondant à la grosseur du manche. Enfilez-la autour de celui-ci et elle recueillera toutes les coulées indésirables.

• *Assouplissement*

Certains types de travaux nécessitent l'usage d'un pinceau à poils particulièrement souples. On peut résoudre le problème en faisant tremper le pinceau dont on dispose pendant une nuit dans de l'eau très ammoniaquée. Ses poils en ressortiront assouplis.

• *Nettoyage*

Le solvant dont on se sert pour nettoyer les pinceaux coûte suffisamment cher pour qu'on ne le gaspille pas. Il est en effet tout à fait possible de le récupérer, en le conservant, après usage, dans un bocal. Au bout de quelque temps, la peinture se dépose au fond de celui-ci et le produit peut servir pour un prochain nettoyage.

• *Récupération*

Il arrive hélas que l'on oublie de nettoyer des pinceaux après usage, ce qui les rend inutilisables, à moins de connaître cette astuce : les immerger dans du vinaigre bouillant jusqu'à ce que leurs poils retrouvent leur souplesse.

Pipe

Pour bien culotter une pipe, frottez légèrement l'intérieur du fourneau avec un peu d'huile d'olive.

Pique-fleurs

Une astuce à retenir : plutôt que d'utiliser un pique-fleurs pour réaliser un joli bouquet, empruntez des billes en verre teinté à votre fils et mettez-les dans le fond de votre vase. Elles vous rendront le même service que le pique-fleurs, et si votre vase est transparent, l'effet esthétique sera très réussi.

Pistaches

Vous enlèverez leur deuxième peau sans difficulté en les plongeant pendant deux ou trois minutes dans de l'eau en ébullition. Arrosez-les ensuite d'eau froide et vous les écalerez aussi facilement que des œufs.

Placage

Sous l'effet de l'humidité, il arrive que le placage d'un meuble se soulève à certains endroits, allant jusqu'à former des boursouflures. Pour y remédier, une astuce facile : repasser à fer assez chaud, en interposant un morceau de tissu, de préférence de la soie. Cette opération aura pour effet de faire fondre la colle qui, en refroidissant, maintiendra à nouveau le placage en place, à condition que vous exerciez bien sûr une pression sur ce dernier.

Plafond

- *Peinture*

Quand vous peignez un plafond, je vous conseille de toujours procéder en commençant à peindre dans le sens d'où vient la lumière du jour.

- *Rattrapage*

Il arrive, hélas assez souvent, qu'un plafond peint en blanc commence à s'écailler. Pour éviter que le mal ne s'aggrave, préparer un mélange d'eau froide et d'alun dans les proportions suivantes : cinq cuillerées à soupe d'alun pour un litre d'eau froide. Badigeonner le plafond avec la solution ainsi obtenue et laisser sécher.

Plafonnier

Pour qu'un plafonnier diffuse une lumière plus importante, il suffit d'en tapisser l'intérieur avec du papier d'aluminium ménager.

Plancher

- *Décapage*

Un mélange qui a fait ses preuves : eau de Javel et essence de térébenthine en quantités égales.

Plantes

• *Arrosage*

Un réflexe fort compréhensible mais défavorable aux plantes d'appartement veut qu'on les pose sur une soucoupe ou un petit plateau. Certes, le sol et les meubles sont alors protégés, mais lorsqu'on arrose les plantes, de l'eau s'écoule et séjourne dans la soucoupe, ce qui est très nocif pour les racines. Un truc pour tourner la difficulté :

θ→ Placer des gravillons dans les soucoupes ou les plateaux étanches destinés à recevoir les pots. Ainsi, l'humidité montera par capillarité ou par évaporation dans l'air ;

θ→ Pour mémoire, je vous rappelle que l'eau dont vous vous servez pour arroser vos plantes doit être à température ambiante, mais je vous signale également une précaution qu'il est bon de prendre : ajouter quelques gouttes d'ammoniaque ou quelques cristaux de soude à l'eau du robinet, car celle-ci est, la plupart du temps, beaucoup trop calcaire.
Remarque : n'hésitez pas à utiliser l'eau de dégivrage de votre réfrigérateur, car elle est douce (sans calcaire).

θ→ Prenez l'habitude, lorsqu'une bouteille de vin rouge est terminée, de rajouter de l'eau au petit fond de vin qui reste toujours. Vous obtiendrez ainsi une eau rougie qui sera fort appréciée de vos plantes d'appartement.

• *Bain*

Il est nécessaire de baigner de temps en temps vos plantes, même si vous les arrosez régulièrement. Je vous rappelle qu'il est indispensable de le faire lorsque le son rendu par le pot dans lequel elles sont est clair.
Voici comment les baigner : les immerger dans de l'eau, de manière que le niveau de celle-ci arrive au-dessus de celui du pot. Attendre qu'il n'y ait plus de bulles à la surface de l'eau pour sortir vos plantes de leur bain.

• *Feuilles*

θ→ Il est indispensable de nettoyer les feuilles des plantes pour préserver leurs échanges gazeux avec l'air. Pour ce faire, les nettoyer tout simplement avec une éponge humide et les vaporiser d'eau de temps en temps.

⊕ Vous pouvez également nettoyer ces feuilles avec de la bière, ce qui aura pour effet de leur donner du brillant, mais à condition de ne pas le faire trop souvent.

• *Vacances*

Lorsqu'on n'a pas la chance d'avoir une voisine qui puisse venir arroser des plantes d'appartement pendant les vacances, il est indispensable de mettre au point un système permettant de suppléer à ce manque. Je vous propose celui-ci, inspiré des abreuvoirs destinés à la volaille ou aux oiseaux.
Placer les pots dans votre évier, votre baignoire ou, à défaut, un grand récipient. Verser de l'eau sur une hauteur d'environ un centimètre et fixer au-dessus une bouteille en matière plastique remplie d'eau. Cette bouteille sera maintenue de telle sorte que le goulot en soit à moitié immergé.
Ainsi, lorsque les plantes absorberont de l'eau, celle-ci se trouvera remplacée au fur et à mesure grâce aux bulles d'air qui s'introduiront dans la bouteille.
Remarque : sachez qu'un litre d'eau alimente en moyenne une plante pas trop grosse pendant un mois environ.

• *Vers*

Il arrive que des vers apparaissent dans la terre des plantes d'appartement. Voici une recette pour les éliminer sans nuire à leurs racines : diluer de la farine de moutarde dans de l'eau et en arroser la terre à traiter.

• *Décoration*

Une idée à laquelle on ne pense pas toujours, et qui est pourtant du plus bel effet : installer plantes ou fleurs près d'une glace où elles se reflètent. L'effet décoratif en est doublé.

• *Suggestion*

Les jacinthes, les noyaux d'avocats ou les patates douces donnent de très jolies plantes vertes lorsqu'on les immerge en partie dans un récipient rempli d'eau. Mais cette eau devient rapidement trouble, ce qui nuit à la réussite de l'entreprise. Mettez donc un petit morceau de charbon de bois dans l'eau et elle restera claire.

Plantes aromatiques

Pour conserver des plantes aromatiques, deux procédés à notre disposition : le séchage ou la surgélation. L'important, dans un cas comme dans l'autre, étant de conserver à ces plantes leurs huiles volatiles.

• *Séchage*

⟴ Suspendre les bouquets;

⟴ Déposer les branches sur une étamine légère et bien tendue, en veillant à les retourner régulièrement.
Dans les deux cas, choisir un endroit chaud, sec et bien aéré.

• *Surgélation*

Former des bouquets, petits de préférence, et les maintenir grâce à un long fil. En les tenant par ce fil, les faire blanchir dix minutes à l'eau bouillante. Attendre le séchage complet avant de les répartir dans des sachets en plastique transparent. Mettre ces sachets à l'abri dans une boîte, et placer celle-ci dans le freezer. Vous ne les sortirez de votre réfrigérateur qu'au moment de leur utilisation.

Plastique

• *Couture*

Ne renoncez plus à coudre du plastique à la machine puisque vous y parviendrez sans difficulté en le plaçant entre deux feuilles de papier fin avant de glisser le tout sous le pied-de-biche. Une fois la couture terminée, vous enlèverez avec facilité les restes de papier qui ne se seraient pas détachés d'eux-mêmes.

Plat

• *Refroidissement*

Si vous êtes très pressé, vous ferez refroidir un plat au plus vite en le plongeant dans un récipient contenant de l'eau froide fortement salée.

• *Porcelaine à feu*

Très utile puisqu'il peut être présenté directement sur la table sitôt sorti du four, il présente cependant un inconvénient, celui de prendre une coloration brune assez rapidement.
Pour la faire disparaître, un conseil : un bain d'une ou deux heures dans une eau additionnée d'un peu de borax.

Plat chaud

• *Marque*

Si, fort malencontreusement, un plat chaud a été déposé sur le dessus d'un meuble ou d'une table en bois ciré, voici comment supprimer la marque qu'il aura laissée : mélanger de la cendre de cigarette à un peu de pétrole et en frotter les traces avec un bouchon de liège.

Plateau

• *En bois*

Aucun problème pour son entretien, en se servant tout simplement d'un chiffon imbibé d'essence de térébenthine.

• *Laqué*

Pour un entretien de routine, voir à : Laque.
En cas de taches, voici comment procéder : fabriquer une pâte faite de fécule de maïs, d'huile de lin et d'essence de térébenthine en parties égales. En frotter le plateau en décrivant des cercles, puis faire briller.

Plâtre

• *Prise*

Deux procédés à votre disposition pour retarder le temps de prise du plâtre et faciliter donc votre travail :

ϑ› Remplacer l'eau de gâchage par de la bière. Possibilité de jouer sur le temps de prise en mélangeant à la bière de l'eau dans une proportion adaptée.

ϑ› On peut également utiliser de la colle à papier plutôt que de l'eau pour gâcher le plâtre.

• *Raccord*

Un détail très important pour réussir un raccord au plâtre : humecter d'eau l'endroit du mur concerné et appliquer le plâtre frais.

• *Nettoyage*

Pour nettoyer du plâtre, faites appel au mélange suivant : cinq grammes de blanc de zinc pour un demi-litre de lait. Étaler à la brosse douce, polir avec un chiffon de flanelle et saupoudrer de talc avant de terminer avec un chiffon.

• *Taches*

N'essayez plus de gratter des taches de plâtre pour les faire disparaître, frottez-les plutôt avec un chiffon imbibé de vinaigre tiède. Elles n'offriront plus de résistance.

• *Moulé*

Il est tout à fait possible de récupérer des figurines de plâtre moulé qui ont accumulé la poussière. Le remède est simple : faire une bouillie suffisamment épaisse avec de la poudre d'amidon et de l'eau tiède. L'étaler alors qu'elle est encore chaude à l'aide d'une spatule, de manière à obtenir une couche relativement épaisse, et en veillant à insister sur les parties creuses.
Laisser sécher l'amidon qui, de lui-même, va s'écailler peu à peu, et une fois la pâte bien sèche, terminer le travail à la brosse douce.

• *Patine*

Il est possible de donner de la patine à un objet en plâtre en faisant chauffer de la paraffine mélangée à un peu de cire colorée. Selon la taille de l'objet, on peut ou le tremper dans ce bain, ou le badigeonner. Dans les deux cas, laisser sécher avant de passer un chiffon doux.

Poêle

• *Aluminium*

Il n'est pas rare qu'une poêle en aluminium « accroche », mais il y a une solution pour pallier cet inconvénient : la frotter avec du gros sel.

• *A marrons*

Savez-vous que vous pouvez très facilement disposer d'une poêle à marrons en récupérant une vieille poêle à frire hors d'usage ? Il suffit d'en percer le fond de trous multiples et bien réguliers et le tour sera joué.

Poils

• *D'animaux*

Nos chats et nos chiens les perdent facilement, mais c'est fou de voir combien ils tiennent sur nos tapis, vêtements ou sièges en tissu. Pour parvenir à les en faire partir, glissez une brosse à l'intérieur d'un bas en nylon et vous serez étonné du résultat.
Voir également : Brossage et Moquette.

Poires

• *Conservation*

Vous les conserverez beaucoup plus longtemps si vous veillez à les ranger en les posant avec le pédoncule dirigé vers le haut. Sachez que, pour les pommes, il faut faire l'inverse.

Poisson

• *Fraîcheur*

Servez-vous de trois de vos sens pour vous assurer de la fraîcheur d'un poisson :

→ L'odorat : un poisson frais doit dégager une odeur légère, marine et fraîche ; exception faite pour la raie, qui met 48 heures à se débarrasser d'une odeur ammoniacale.

- Le toucher : la chair du poisson doit être ferme et élastique, et ne doit pas céder à une pression légère. Son abdomen n'est ni gonflé, ni affaissé, et ses écailles bien adhérentes.
- La vue : des écailles brillantes, des branchies bien rouges, un œil vif et brillant sont également des signes de fraîcheur.
- Quant aux filets tout préparés, la trace de la colonne vertébrale doit être à peine visible.
- Pour les tranches de poisson, la chair et la colonne vertébrale adhèrent bien, et il ne doit pas y avoir de trace trop colorée autour de cette dernière.

• *Pêché*

Pour que des poissons que l'on pêche soi-même n'aient plus le goût de vase, il suffit de leur faire avaler une cuillère à café de vinaigre (en maintenant les ouïes fermées) sitôt sortis de l'eau.

• *Farinage*

Plutôt que d'éparpiller partout de la farine, adopter la solution suivante : mettre un peu de farine dans un sac de papier ou de plastique, y plonger le poisson en en laissant dépasser la queue et une fois le sac bien fermé, secouer. Le poisson sera parfaitement fariné et il suffira de jeter le sac dont on s'est servi.

• *Friture*

Pour agrémenter votre friture, trois suggestions :

- Les plonger dans du lait salé avant de les rouler dans la farine ;
- Les rouler dans la fécule de pomme de terre ;
- Les tremper dans la crème fraîche.

Une friture de poissons ainsi préparée sera plus dorée et plus croustillante.

- Pour désodoriser une friture dans laquelle on a fait cuire du poisson, ajouter à celle-ci un jus de citron.

• *Filets*

⊕ Pour lever avec facilité des filets de poisson, sachez qu'il suffit de tremper le couteau très régulièrement dans du sel.

⊕ Autre suggestion : pochez-les dans du lait plutôt que dans du court-bouillon ; ils seront plus moelleux.

• *Conservation*

Pour conserver sa fraîcheur pendant deux ou trois jours à du poisson, voici ce que je vous conseille : imbibez un torchon de vinaigre additionné de sucre (comptez deux morceaux de sucre pour un demi-litre de vinaigre). Une fois le torchon essoré, le mettre à plat et le saupoudrer de gros sel. Poser le poisson sur ce lit de sel et l'en recouvrir également. L'envelopper dans le torchon et ne l'en sortir qu'au moment de le préparer.

Poissons d'argent

On appelle poissons d'argent ces parasites qui hantent les vieilles maisons humides. Pour vous en débarrasser, saupoudrez plinthes et fentes avec un mélange de sucre et de borate en parties égales.

Poivrons

• *Épluchage*

Les poivrons ne se laissent pas éplucher facilement, à moins que l'on applique l'astuce suivante : les passer rapidement dans une flamme, puis les envelopper séparément dans du papier journal. Les y maintenir jusqu'à refroidissement complet afin que leur peau bien gonflée se laisse détacher sans difficulté.

Pommes

• *Trop vertes*

Des pommes trop vertes mûriront très rapidement si vous les glissez dans un sac de plastique transparent que vous aurez perforé plusieurs fois. Pourquoi ? Parce que ces trous

faciliteront la circulation de l'air, mais le plastique retiendra le gaz éthylène qui aide les fruits à mûrir.
Ce procédé peut être appliqué également aux poires.

- *Brillant*

Pour que des pommes soient également un régal pour les yeux, donnez-leur un brillant appétissant en les frottant avec une flanelle imbibée de paraffine.

- *Conservation*

Vous les conserverez tout l'hiver sans qu'aucune ride n'apparaisse sur leur peau en prenant la précaution de les frotter doucement avec de la glycérine.
Voir également : Poires.

Pommes au four

Dessert apprécié de tous, et de plus peu onéreux, réussissez-le à coup sûr grâce aux deux astuces suivantes :

- Pour qu'elles gonflent bien, et restent bien en forme, pratiquez une incision circulaire avec la lame d'un couteau sur tout le pourtour ;
- Pour qu'elles ne s'écrasent plus à la cuisson, enduisez-les d'un peu d'huile de table avant de les enfourner.

Pommes de terre

- *Germination*

Si vous avez fait provision de pommes de terre pour l'hiver, prenez la précaution de les saupoudrer de charbon de bois pilé : elles ne germeront pas.

- *Cuisson*

Pour qu'elles ne noircissent plus en cuisant, ajoutez une cuillerée à soupe de vinaigre à leur eau de cuisson. Blancheur assurée.

- *Robe des champs*

Pour qu'elles cuisent plus vite, n'hésitez pas à les percer dans le sens de la longueur à l'aide d'une aiguille à tricoter.

• *A la braise*

⊕ Si vous avez la chance d'avoir une cheminée, ne vous privez pas du plaisir de faire cuire des pommes de terre à la braise, en les enveloppant tout simplement dans du papier d'aluminium ménager.

⊕ Si vous hésitez à le faire parce que vous êtes pressé, vous n'aurez plus d'excuse quand vous connaîtrez le truc suivant : placez un clou dans chaque pomme de terre, et vous réduirez la cuisson d'au moins un quart d'heure. Attention, cette réussite tient au fait que le clou est conducteur de chaleur, veillez donc à ne pas l'enfoncer à fond pour pouvoir le retirer sans vous brûler les doigts.
Remarque : cette astuce vaut également pour accélérer la cuisson des pommes de terre au four.

• *Au four*

Là encore, nous ne sommes pas à court de solutions pour en accélérer la cuisson. En voici deux preuves :

⊕ Faire bouillir les pommes de terre dix minutes dans de l'eau salée avant de les enfourner ;

⊕ Retirer une tranche sur chaque extrémité et rouler les pommes de terre dans du papier d'aluminium.

• *En salade*

Elles peuvent être un régal ou une déception totale, selon que l'on réussit ou non à les rendre moelleuses. Réussite assurée si l'on fait tremper les rondelles dans un peu de vin blanc avant de les assaisonner.

• *Gelées*

Ne renoncez plus à utiliser des pommes de terre que vous auriez laissées geler, puisque vous leur rendrez leur état de fraîcheur en les plongeant dans de l'eau froide salée, et ceci à quatre ou cinq reprises pendant une heure.
Ce procédé vaut également pour les choux et les carottes.

Porcelaine

• *Assiettes*

Vos assiettes, surtout si elles sont en porcelaine fine, doivent être traitées avec précautions, non seulement lorsque vous les lavez, mais également lorsque vous les rangez.

θ› Lavage : prendre l'habitude de les immerger dans un récipient en plastique, afin d'éviter tout risque de choc, et ajouter un jus de citron à leur eau de lavage.

θ› Rangement : quand vous formez les piles, prenez la précaution de séparer vos assiettes par des mouchoirs en papier ou des assiettes de carton.

Pores dilatés

Si vous avez les pores dilatés, resserrez-les en appliquant sur votre visage une lotion astringente ainsi obtenue : un jus d'orange additionnée du tiers de son volume d'eau de rose.

Porte

• *Récalcitrante*

Certes, la seule solution pour rendre docile une porte qui coince, c'est de la raboter légèrement avant de la poncer, mais encore faut-il savoir déceler les points de friction. Pour les repérer, il suffit de passer de la craie sur le côté et vous constaterez que celle-ci laissera une trace visible sur les chambranles. Vous pourrez alors agir à bon escient.

• *Sécurité*

Dès que les petits enfants sont assez grands pour atteindre les poignées des portes, il est très important de se préoccuper de leur sécurité, surtout en ce qui concerne les ouvertures donnant sur l'extérieur.
Certes, il y a toujours la ressource de fermer ces portes à clef, mais il en existe une autre, tout aussi efficace et plus adaptée à la vie quotidienne : monter la poignée à l'envers

sur son axe carré, de telle sorte que l'ouverture se fasse non plus en la baissant, mais en la relevant.

• *Poignée*

Il arrive assez souvent, au bout d'un certain temps, qu'il y ait du jeu dans les poignées des portes. Pour le dissiper, une solution de dépannage : pratiquer une croix dans le bouchon d'une bouteille en plastique et, après avoir démonté la poignée, le glisser sur l'axe avant de remettre la poignée à sa place. Voir également : Peinture.

Potage

• *Trop salé*

Trois solutions pour rattraper un potage trop salé pour être consommé tel quel :

- L'adjonction d'un morceau de sucre suffira si le mal n'est pas trop grave;
- En y plongeant deux ou trois rondelles de pomme de terre que l'on retirera au bout de quelques instants, on obtiendra également un résultat satisfaisant;
- Si vous avez vraiment eu la main trop lourde, mettre dans le potage une cuillère en argent et y verser un petit verre de lait cru. Faire bouillir le tout à petit feu pendant cinq à dix minutes et penser à retirer la cuillère avant de servir.

Pot au feu

• *Bouillon*

Pour que le bouillon d'un pot au feu soit très clair, lui ajouter un blanc d'œuf après l'avoir bien dégraissé. Laisser reposer environ une heure et passer le bouillon au travers d'un tamis dont vous aurez tapissé le fond avec un linge très fin.

• *Cuisson*

Un bon pot au feu doit cuire longtemps. Si vous avez manqué de patience ou de prévoyance, ajoutez deux cuillerées à café d'eau de vie et prolongez la cuisson d'une ou deux minutes. Ce sera suffisant pour que viande et légumes soient à point.

- *Dégraissage*

Pour dégraisser très efficacement un bouillon de pot au feu, voici deux recettes de bonne femme que je vous propose d'adopter :

θ→ Déposer à la surface du bouillon une feuille de papier buvard très propre. Elle absorbera la graisse superflue.

θ→ Tapisser le fond de votre tamis avec un chiffon propre que vous aurez placé au freezer après l'avoir mouillé. Toutes les particules de graisse gèleront au passage.

Pot de fleurs

Pour que la pluie ne salisse plus vos vitres ou votre balcon, en tombant sur la terre des pots de fleurs qui décorent l'extérieur de votre maison, une suggestion : répandre du tout petit gravier sur la terre des pots de fleurs. L'eau de pluie se frayera un passage et vous n'aurez plus à redouter d'éclaboussures.

Poteries

- *Vernies*

Pour raviver les vernis ou laques qui recouvrent vos poteries et les font briller, un procédé fort efficace : les enduire de colle à l'eau à l'aide d'une brosse de peintre. Surtout, ne pas attendre qu'elle soit sèche et rincer abondamment de façon à ce que l'on ne sente plus sous les doigts les traces de colle. Essuyer ; le vernis obtenu sera beau et brillant.

Pots pourris

- *Composition*

Il est extrêmement facile de réaliser soi-même des pots pourris mais, si l'on veut que leur parfum soit durable, il est toutefois nécessaire de respecter certaines conditions :

ϑ→ Décidez d'une senteur dominante et ensuite sélectionnez les autres qui en modifient le parfum;

ϑ→ Après séchage complet, n'omettez pas d'y mêler des épices et un fixatif; je vous signale que la racine d'iris joue parfaitement ce rôle;

ϑ→ Ajoutez également un jus de citron ou d'orange et quelques gouttes d'essences naturelles (essence d'eucalyptus, de vétiver, de sauge ou de l'eau de rose).

• *Longue durée*

Pour que des pots pourris ne perdent pas leur parfum en vieillissant, sachez qu'il suffit d'ajouter régulièrement quelques gouttes de jus de citron ou d'orange, ou encore une pincée de sel marin.

Poubelle

• *Déodorisation*

Si vous n'avez pas de vide-ordures, pensez à prendre une précaution très simple pour désodoriser efficacement et durablement la poubelle de votre cuisine.
Posez tout simplement entre le fond de votre poubelle et le sac de plastique protecteur un rond désodorisant habituellement utilisé dans les W.C. et le tour sera joué.

Poudre de beauté

• *Application*

Voici une astuce grâce à laquelle vous réussirez à poudrer votre visage sans aucune formation de plaque : mettre un peu de votre poudre dans un mouchoir à démaquiller, le plier et vous en servir pour vous poudrer. Ce mouchoir fera office de tamis et ne laissera filtrer que la quantité de poudre nécessaire.

• *Restes*

Ne jetez plus des restes de poudre, récupérez-les plutôt en les rassemblant dans une boîte fermant hermétiquement.

Placez dans cette boîte une bille et secouez. Ces poudres se trouveront ainsi parfaitement mélangées.

Poulet

• *Doré*

Pour qu'un poulet ait une peau dorée et croustillante, saupoudrez-le de farine après l'avoir enduit de beurre, avant la cuisson.

• *Saveur*

Avez-vous déjà pensé à mettre dans le ventre de votre poulet quelques feuilles de sauge en compagnie d'une moitié d'orange ou de citron ? Essayez et vous serez étonné de sa saveur.

Poulpes

Au risque de vous surprendre, sachez que si vous jetez un bouchon de liège dans l'eau de cuisson des poulpes et des seiches, ils en ressortiront tout attendris.

Poussière

• *Chiffon*

Voici deux petites astuces qui, mine de rien, si vous les retenez et les appliquez, vous faciliteront vos travaux ménagers :

- Pensez à humidifier légèrement votre chiffon, car ainsi vous ne soulèverez pas la poussière lorsque vous essuyerez vos meubles ;
- Si vous devez entreprendre un grand nettoyage, et une vraie remise à neuf de votre maison, voici ce que je vous suggère : faites prendre un bain dans de l'eau additionnée de glycérine à votre chiffon à poussière. Lorsqu'il sera sec, et que vous vous en servirez, vous constaterez que la poussière y adhérera parfaitement.

Poutres

Le propre des poutres est d'être généralement en hauteur, ce qui ne facilite pas la tâche des bricoleurs, lorsqu'ils doivent les enduire d'un produit traitant et parfois teintant. En effet, ce type de produit est très liquide, et coule à plaisir le long des manches des brosses ou pinceaux et, par voie de conséquence, le long des bras. Pour tourner cette difficulté, il suffit de ficeler le manche du pinceau au bout d'un bâton de bois plus ou moins long et de fixer à la base des poils un gros chiffon. On tire de ce petit dispositif un double avantage : celui de ne plus se tordre le cou en travaillant et d'éviter les coulures, qui sont absorbées par le chiffon.

Pressions

- *Couture*

Pour ne plus risquer de coudre avec un léger décalage les deux parties d'un bouton pression, un simple détail qui change tout : après en avoir d'abord fixé le disque, le frotter avec de la craie, et amener l'autre partie du tissu en contact avec celui-ci (en veillant, bien entendu, à en respecter l'emplacement exact). Le point où vous devrez coudre le disque à trou se trouvera ainsi parfaitement déterminé.

Pucerons

Pour débarrasser vos plantes des pucerons, ayez recours à un remède insolite mais efficace : les orties. Avec toutes les précautions d'usage, jetez une poignée d'orties dans de l'eau. Laissez reposer environ une semaine et arrosez ensuite avec la décoction obtenue.

Une astuce qui conviendra à tous les jardiniers fumeurs. Prenez donc l'habitude – pas très appétissante, j'en conviens – de jeter vos mégots dans votre arrosoir rempli d'eau. Au bout de quelques jours, votre arrosoir sera rempli d'une décoction de nicotine qui, en pulvérisations ou en arrosages, détruira les pucerons.

Punaises

- *Métalliques*

Pourquoi ne vous inspireriez-vous pas du principe des pelotes à épingles pour ranger vos punaises ? A cette différence près que je vous conseille de piquer ces punaises sur des bouchons de liège, ce qui vous évitera donc de vous piquer les doigts lorsque vous en aurez besoin.

- *Des bois*

C'est grâce à des feuilles d'absinthe que vous pourrez débarrasser vos boiseries de ces insectes tellement déplaisants que sont les punaises. Pour ce faire, faites donc infuser pendant une dizaine de minutes dix feuilles d'absinthe dans de l'eau chaude et badigeonnez-en les surfaces infestées.

Purée

L'idéal, c'est de servir une purée dès qu'elle est terminée, mais ce n'est pas toujours possible. Pour qu'elle attende dans de bonnes conditions, versez un peu de lait sur sa surface afin d'en éviter le dessèchement et placez-la au bain-marie ou sur une plaque d'amiante à feu doux. Il vous suffira de la battre légèrement avant de passer à table.

R

PETIT DICTIONNAIRE DES TRUCS

Racines

• *Destruction*

Des racines envahissantes peuvent être détruites en faisant appel à un procédé qui demande prudence et précaution, mais qui s'avère radical : en effet, après avoir percé des trous dans les racines, on y verse quelques centimètres cubes d'acide sulfurique concentré.

Radiateur

• *Efficacité*

Tous les détails comptent lorsqu'il s'agit d'économiser de l'énergie. J'en veux pour preuve ce moyen très simple pour augmenter la chaleur diffusée par un radiateur de chauffage central : intercaler une feuille d'aluminium ménager entre le radiateur et le mur contre lequel il se trouve.

Radis

• *Présentation*

Il est très important d'allier le plaisir gustatif à celui des yeux, et il serait impardonnable de ne pas y songer en ce qui concerne les radis. En effet, si vous pratiquez une incision en croix à leur extrémité, et si vous les laissez tremper dans de l'eau salée, vous les verrez s'ouvrir comme des fleurs vous permettant ainsi d'obtenir une entrée dont la présentation sera déjà un vrai régal.

• *Conservation*

Ils sont bons à condition de rester croquants, et pour qu'ils le demeurent pendant quelques jours, sachez qu'il faut placer leurs feuilles dans un récipient rempli d'eau froide en prenant garde que les radis eux-mêmes ne soient pas en contact avec celle-ci. Pensez à changer cette eau chaque jour pour obtenir le résultat souhaité.

Radis noir

Si vous redoutez son goût un peu fort, faites-le macérer dans du sel pendant une heure ou deux et vous le consommerez avec plaisir.

Raisins secs

Indispensables pour de multiples préparations, notamment pour des desserts, il est important d'en connaître « le mode d'emploi » pour en tirer le meilleur parti :

→ C'est ainsi qu'au lieu de leur faire prendre un bain d'eau ou d'alcool de votre choix, je vous suggère de les enfermer dans un linge humide pendant toute une nuit et de les enduire d'huile avant de les utiliser. Ils seront moelleux sans avoir perdu une partie de leur arôme.

→ Pour qu'ils restent uniformément répartis dans la pâte à laquelle vous les intégrez, roulez-les dans du sucre cristallisé ou dans de la farine.

Ramonage

Cette astuce ne vous dispensera pas des services d'un ramoneur, mais elle contribuera à en reculer l'intervention. Elle consiste à laisser sécher des épluchures de pommes de terre et à les déposer ensuite dans l'âtre, lorsqu'il y brûle un feu vif.

Raphia

- *Nettoyage*

Plus de problème d'entretien en utilisant tout simplement de l'eau salée.

Réfrigérateur

- *Entretien*

Pour bien nettoyer l'intérieur d'un réfrigérateur, il est indispensable d'ajouter un peu de bicarbonate de soude à l'eau chaude dont on se servira. Après un rinçage soigneux, essuyer avec une peau de chamois, si vous en avez une.

- *Odeur*

En plaçant à l'intérieur d'un réfrigérateur un verre ou une tasse remplis d'eau où on aura délayé deux cuillerées à soupe d'argile, on en supprimera les mauvaises odeurs.
Voir aussi : Odeurs (réfrigérateur).

Reliures neuves

- *Entretien*

θ→ Certes, de la cire d'abeille ou même du cirage permettront d'entretenir des reliures neuves, mais il existe une autre solution, qui a l'avantage de supprimer le risque d'empâtement ou de graissage du cuir.

θ→ Il suffit de passer le chiffon de laine dont on se sert sur une bougie blanche.

Reliures anciennes

- *Entretien*

En matière de reliures anciennes, l'objectif est double : les nettoyer tout en leur conservant leur patine. Pour y parvenir, deux possibilités :

⊕ Les frotter avec une flanelle imbibée d'essence de térébenthine et faire briller avec un chiffon doux ;

⊕ Préparer un mélange de jaune d'œuf et d'alcool à 90° et en frotter les reliures.

Repassage

• *Préparation*

⊕ Afin de faciliter votre travail de repassage, pensez à ajouter du gros sel dans la dernière eau de rinçage de votre linge. Le fer à repasser glissera beaucoup plus facilement.

⊕ J'ai toujours vu ma grand-mère ramasser le linge qu'elle avait mis à sécher, alors qu'il était encore un peu humide. Elle le repassait sans tarder et, à en juger par le résultat, cette méthode valait d'être retenue.
De nos jours, le manque de temps des maîtresses de maison ne leur permet pas toujours de repasser leur linge sitôt enlevé de la corde ou du séchoir. Aussi ai-je recours à une astuce qui me donne entière satisfaction : j'enferme mon linge encore un peu humide dans un grand sac en plastique que je réserve à cet usage.
Est-il utile de vous préciser que je m'efforce d'étirer le linge et de le plier avant de l'introduire dans le sac ?

⊕ Si vous n'adoptez pas la solution précédente, prenez le temps d'humecter votre linge sec avec de l'eau chaude avant de le rouler sur lui-même. Vous le repasserez plus facilement.

• *Tissu blanc jauni*

Pour rattraper une maladresse ou un incident dû au mauvais fonctionnement de votre fer à repasser, vous pouvez faire appel à de l'eau oxygénée, à du borax ou à du sel fin pour faire disparaître les traces jaunes qui en sont les conséquences :

⊕ Eau oxygénée : frotter les traces avec de l'eau additionnée d'eau oxygénée à 10 volumes et rincer ;

⊕ Borax : frotter avec un tampon imprégné d'une solution composée d'un peu de borax dilué dans de l'eau avant de rincer à l'eau claire ;

Sel fin : en répandre un peu sur les taches après avoir imprégné celles-ci d'eau froide.

- *Linge de couleur roussi*

Un peu d'eau savonneuse doit suffire à faire disparaître des traces de roussi sur un linge de couleur.

- *Torchons et mouchoirs*

Une astuce pour gagner du temps en repassant torchons et mouchoirs : en superposer quelques-uns (à vous d'en déterminer le nombre en fonction de l'épaisseur du tissu) et repasser celui qui se trouve sur le dessus de la pile. Ainsi, ceux qui sont dessous bénéficient déjà d'un repassage presque parfait.
Voir aussi : Mouchoirs.

- *Faux plis*

Pour éviter la formation des faux plis sur un vêtement que vous venez de repasser, prenez l'habitude de le brosser avec une brosse douce afin d'en répartir la vapeur avant de le plier ou de le suspendre.

Reproduction

- *Image imprimée*

Le procédé le plus classique pour reproduire une image imprimée fait appel au trichloréthylène, mais une telle opération doit être menée avec précaution et il est donc difficile d'en faire un loisir pour les enfants.

Savez-vous que l'on obtient également d'excellents résultats avec de l'essence ou de la benzine ? Le principe demeure le même : en imbiber l'image imprimée, la placer sur une feuille de papier et exercer une pression et un frottement sur toute sa surface pendant quelques secondes.

Résine

- *Taches*

Sur du tissu grand teint : vous les ferez disparaître avec un solvant, par exemple benzine ou essence de térébenthine.

θ→ Sur du tissu de laine : après avoir saupoudré l'envers de la tache avec du talc, l'imbiber d'un mélange d'essence de térébenthine et d'alcool à 90° et la frotter jusqu'à disparition.

θ→ Sur du tissu fragile : passer sans frotter un tampon légèrement imbibé d'alcool à 90° et d'éther.

Rétroviseur

• *Vibrations*

Tous les rétroviseurs ont tendance à bouger sous l'effet des vibrations de la voiture. Certes, on a la solution d'en resserrer la vis, mais au bout de quelque temps, on en revient au même point et on risque même de casser cette vis en essayant de trop la serrer.
Une astuce pour tourner la difficulté : intercaler entre le rétroviseur et son support une rondelle en caoutchouc que l'on enfilera sur la vis. Il suffira alors de la serrer modérément pour maintenir le rétroviseur en bonne position.

• *Éblouissement*

Pour ne plus être gêné par les phares d'une voiture qui vous suit lorsque vous roulez la nuit, prévoyez un petit dispositif adaptable à votre rétroviseur. Tendez sur un petit cadre de carton (aux dimensions du rétroviseur) un morceau de bas nylon. Vous ne serez plus gêné.

Réveil

• *Tic-tac*

Si vous ne supportez plus le tic-tac de votre réveil, deux trucs pour l'atténuer, voire le supprimer :

θ→ Pour l'atténuer, mettez votre réveil sous cloche. Vous avez le choix : bocal de confiture, petit saladier ou verre... selon sa dimension.

θ→ Pour le supprimer, il faut agir de telle sorte que le boîtier ne serve plus comme résonateur. Pour ce faire, placer à l'intérieur une bande de feutre, et en appliquer également entre les pattes de fixation et la boîte de résonance.

- *Luminosité*

Vous pourrez donner un regain de luminosité à un réveil qui a perdu de son éclat en en présentant le cadran pendant quelques secondes vers une source de lumière électrique. Une lampe de 40 ou de 60 watts suffit. Cette opération peut être répétée autant de fois que nécessaire.

Rideaux

- *Couture*

Rien n'est plus énervant, lorsqu'on coud à la machine l'ourlet d'un rideau en fibres synthétiques, que de le voir froncer au fur et à mesure que l'on pique. Il est pourtant très facile de l'éviter en cousant, en même temps que le rideau, une bande de papier fin.

- *Ourlet*

Il n'est pas très facile de respecter une même hauteur d'ourlet lorsqu'on coud celui-ci à la machine, car le voilage glisse sous le pied-de-biche. Pour résoudre ce problème, n'hésitez pas à tirer un fil sur toute la longueur de l'ourlet ; il vous servira de point de repère et ceci sans nuire du tout à la propreté de votre travail.

- *Tringle*

Quand on enfile directement un rideau sur une tringle, il est très difficile de l'empêcher d'accrocher. Ce risque est supprimé si l'on « chapeaute » l'extrémité de la tringle d'un dé à coudre.

- *Cordages*

Ne vous battez plus avec les cordages de vos rideaux, puisqu'ils glisseront sans résistance si vous prenez la précaution de passer de temps en temps un morceau de savon sur la tringle.

- *Crochets*

C'est un travail fastidieux que de répartir équitablement les crochets d'un rideau. Raison de plus pour être prévoyante avant de laver vos voilages.

Marquez donc le ruban fronceur d'un petit point de stylo bille à l'emplacement de chaque crochet avant de laver vos rideaux. Le stylo bille étant indélébile, vous repérerez facilement chaque emplacement.

- *Doubles*

Pour que des doubles rideaux obscurcissent complètement la pièce dans laquelle ils sont posés, placer un lé de satinette noire entre le tissu et la doublure. Ainsi, la lumière ne passera plus du tout au travers des rideaux.

Riz

- *Blancheur*

Pour que le riz soit bien blanc, donc plus appétissant, sachez qu'il suffit d'ajouter quelques gouttes de jus de citron à son eau de cuisson.

- *Cuisson*

⊕ Pour qu'il ne colle pas, et que ses grains restent bien séparés, passez-le à l'eau courante sitôt la cuisson terminée. Pour le réchauffer, il suffira de le remettre dans sa casserole avec un peu de beurre.

⊕ Je vous signale par ailleurs que le meilleur moyen pour faire attendre du riz tout en le gardant chaud et sans qu'il se dessèche, c'est de le placer au four, dans un plat muni d'un couvercle, et de le remuer de temps en temps.

Riz au lait

Ne le sucrez pas en début de cuisson, cela l'empêcherait de cuire.

Robinets

- *Entretien*

Plusieurs possibilités s'offrent à vous pour nettoyer toute votre robinetterie avec le maximum de succès :

⊕ La frotter avec de la cendre de cigarette ;

- Ou avec un peu de pétrole;
- Ou encore avec de la farine.

• *Brillant*

Plutôt que d'utiliser un chiffon pour faire briller vos robinets, frottez-les avec un vieux bas nylon et vous serez surprise du résultat obtenu.

• *Fuite*

Le goutte-à-goutte d'un robinet qui fuit met à rude épreuve les nerfs de tous ceux qui l'entendent. Pour le supprimer provisoirement, dans l'attente du plombier, ou du bricoleur qui en changera le joint, une astuce de dépannage : attacher au robinet l'extrémité d'une ficelle suffisamment longue pour atteindre le fond de votre baignoire ou de votre évier. Ainsi, les gouttes d'eau la suivront silencieusement.

Roseaux

Leur effet décoratif est très agréable à l'œil, à condition qu'ils restent intacts et ne risquent plus de se dégarnir peu à peu. La solution? Les vaporiser tout simplement avec de la laque à cheveux.

Roses

• *Précautions*

La reine des fleurs mérite que nous prenions quelques précautions pour lui conserver fraîcheur et éclat le plus longtemps possible. C'est ainsi qu'avant de mettre les roses dans un vase, je vous conseille deux astuces :

- Après avoir taillé leurs tiges en biseau, raclez également toute la partie de la tige qui doit se trouver immergée;
- A l'aide d'un marteau ou d'un objet lourd, écrasez le bas de chaque tige.

• *Fraîcheur*

Je vous livre un truc de fleuriste qui vous demandera un peu

de travail, mais vous en serez récompensée car la vie de vos roses s'en trouvera prolongée : chaque soir, avant de vous coucher, enveloppez chaque rose dans une feuille de papier journal préalablement trempée dans de l'eau. Vous veillerez à ce qu'elles soient hermétiquement fermées, sans être comprimées pour autant.
Quand vous les libérerez le matin, elles auront retrouvé une fraîcheur toute neuve.

• *Traitement spécial*

Vous n'aurez plus d'excuse pour vous résigner à voir dépérir des roses sans intervenir puisque voici deux trucs infaillibles pour en prolonger l'existence :

θ→ Lorsque les soins quotidiens ne suffisent plus, plongez les roses (tiges et fleurs) dans de l'eau froide mais non glacée pendant toute une nuit et maintenez-les ainsi immergées avec un poids. Le lendemain matin, vous pourrez reconstituer votre bouquet.

θ→ Lorsqu'un enfant offre une rose à sa maman, il est tellement heureux qu'il accepte mal la vie éphémère de cette fleur. Pour préserver sa joie le plus longtemps possible, une astuce que vous pourrez appliquer en sa compagnie : remplir d'eau une bouteille et y plonger la tige de la rose, en la coupant de telle façon que seule la corolle repose au bord du goulot de la bouteille. Le résultat est quasi magique.

• *Pétales*

Ne jetez plus des roses fanées sans en prélever les pétales, puisqu'en les mettant dans un flacon à large goulot, en veillant à alterner des couches de pétales et de sel fin, et en ajoutant sur le tout un peu d'eau-de-vie à fruits, vous vous ménagerez des moments très agréables.
En effet, au bout de quelques jours et en ayant pensé à remuer souvent pendant cette attente, il se dégagera un parfum merveilleux de ce bocal chaque fois que vous l'ouvrirez.

- *Eau de rose*

Redécouvrez les vertus de l'eau de rose, fort appréciée de nos grand-mères, et sachez que vous pouvez parfaitement en fabriquer vous-même.
Faire infuser cinq poignées de pétales dans un litre d'eau bouillante, puis filtrer et conserver au frais. C'est tout simple et je vous rappelle les deux qualités essentielles de l'eau de rose : elle est astringente et tonique.

Rosiers

- *Engrais*

Il est impardonnable de laisser dépérir un rosier car vous disposez d'un engrais qu'il appréciera beaucoup : remplissez un sac de toile de suie de cheminée à bois. Trempez-le dans l'eau et, lorsque cette suie aura pris la consistance d'un liquide épais, arrosez-en les pieds de vos rosiers et ceci dès la belle saison.

- *Taille*

Sachez qu'il est absolument indispensable de supprimer de vos rosiers tous les rameaux comportant sept feuilles, car ceux-ci ne méritent pas sans raison le nom de « gourmands ».
Je vous rappelle pour mémoire que les rameaux sains comportent cinq feuilles.

Rôti

- *Cuisson*

Une recommandation qui concerne la plupart des rôtis, puisqu'ils sont pratiquement tous entourés de ficelle : prendre l'habitude de retirer celle-ci quelques minutes avant la fin de la cuisson pour obtenir un rôti bien juteux.

- *Au gril*

Un peu de sel dans le fond de la rôtissoire empêchera la graisse de regriller en cours de cuisson.

• *Au four*

ϑ→ N'oubliez pas de sortir votre viande du réfrigérateur au moins une heure à l'avance, ce conseil valant d'ailleurs pour tous les modes de cuisson.

ϑ→ Veillez également à placer votre rôti sur une grille posée sur un plat qui recueillera le jus. Ainsi, votre viande ne mijotera pas dans celui-ci, ce qui aurait pour effet de la faire durcir.

• *En cocotte*

Un petit détail qui change tout : faites revenir votre rôti dans une cocotte et égouttez-le avant de le mettre dans une poêle.

• *Recommandation*

Quel que soit le mode de cuisson que vous avez adopté, deux précautions à respecter :

ϑ→ Ne saler le rôti qu'en fin de cuisson ;

ϑ→ Une fois le temps de cuisson écoulé, laisser le rôti dans le four ou dans la rôtissoire avec la porte entrebâillée ou, s'il s'agit d'une cuisson en cocotte, en en retirant le couvercle. Cela permettra au sang de se répartir dans toute la viande qui sera alors délicieusement juteuse.

Rôti de porc

• *Suggestions*

Deux idées pour changer du traditionnel rôti de porc :

ϑ→ Avant de le mettre au four, répandre dessus un zeste d'orange finement râpé ;

ϑ→ Après en avoir retiré la ficelle, le couper en tranches mais en s'arrêtant aux trois quarts, afin de pouvoir intercaler une lamelle de gruyère et une de bacon entre chaque tranche de rôti. Le reficeler, l'arroser d'huile d'olive et ne pas hésiter à ajouter des herbes et de l'ail avant de le faire cuire.

Rôti de veau

- *Cuisson*

Pour qu'il ne réduise plus à la cuisson, faire bouillir une quantité d'eau proportionnelle à la grosseur du rôti, la saler, la poivrer et ajouter les aromates de votre choix.
Quand l'eau arrive à ébullition, y plonger votre rôti jusqu'à la seconde ébullition. Sortir la viande, la sécher et la faire alors rôtir comme à l'accoutumée.
Ce conseil vaut également pour les rôtis de porc.

- *Suggestion*

Comme pour la plupart des viandes blanches, vous pourrez donner à un rôti de veau un moelleux incomparable si vous l'enrobez d'une bonne moutarde. Vous l'adoucirez ensuite par une liaison à la crème fraîche.

Rotin

Pour le nettoyer et le blanchir, frottez-le au savon de Marseille et lavez-le avec une éponge imprégnée d'eau bouillante additionnée de quelques gouttes d'ammoniaque. Rincez et essuyez.

Rouge à lèvres

Les deux reproches essentiels que l'on peut faire au rouge à lèvres ne sont en fait, dans la plupart des cas, que le résultat d'un mauvais mode d'emploi.
Voici donc la marche à suivre pour qu'un rouge à lèvres tienne et pour que sa couleur ne vire pas :

- Vos lèvres doivent être parfaitement sèches ;
- Lorsque vous appliquez votre fond de teint, mettez-en également sur vos lèvres et poudrez-les légèrement ;
- Une fois posée la première couche, poudrez à nouveau et passez-en une seconde ;
- Pour en fixer la couleur, « embrassez » un glaçon.

- *Taches*

Elles disparaîtront si vous les frottez avec un peu d'éther.

Rougeur

Un truc de dépannage lorsque vous sentez que le rouge vous monte aux joues : pincez-vous fortement le lobe des oreilles. C'est elles qui deviendront cramoisies tandis que vos joues garderont leur pâleur !

Rouille

- *Fer*

Enduire le métal d'un mélange composé de deux parties de pétrole pour une partie d'huile. Laisser reposer plusieurs heures avant d'essuyer.

- *Fer forgé*

Pour retirer les traces de rouille sur du fer forgé, les frotter avec un chiffon de laine imbibé d'ammoniaque. S'il en restait un peu, délayer de la poudre de pierre ponce extra-fine dans quelques gouttes d'huile et frotter avec ce mélange.

- *Taches*

Lorsqu'il s'agit de taches sur un tissu en fibres naturelles, selon leur gravité, deux solutions :

→ Les frotter avec du jus de citron salé, puis verser au compte-gouttes de l'eau additionnée de quelques gouttes d'ammoniaque. Rincer ensuite abondamment.

→ Si le mal est plus grave, imprégner les taches avec une solution d'acide oxalique à 1 %. Laisser agir avant de rincer à l'eau froide.

→ Il est plus délicat de supprimer des taches de rouille sur un tissu synthétique. Le seul recours est de les frotter avec un peu de jus de citron pur.

Rouleau à pâtisserie

- *De dépannage*

Il est tout à fait possible d'étaler de la pâte, même si on ne

dispose pas d'un rouleau à pâtisserie, en utilisant tout simplement une bouteille.
Pour en tirer le meilleur parti :

- La saupoudrer de farine pour qu'elle ne colle pas à la pâte ;
- La remplir d'eau chaude pour assouplir la pâte.

Roulettes

Au bout d'un certain temps, les roulettes de meubles tels que des chaises, tables ou fauteuils que l'on déplace souvent finissent par se bloquer. Pour y remédier, il suffit de passer entre la roulette et sa monture, de chaque côté, une lame de scie à métaux. On éliminera ainsi les fils, les cheveux... qui bloquaient la roulette sur son axe. Terminer le travail en ajoutant une goutte d'huile.

Roux

Pour le réussir, sans risque de grumeaux, commencer toujours par mouiller le mélange beurre-farine avec le liquide froid. C'est la chaleur de celui-ci qui, au démarrage, provoque la formation des grumeaux.

Rubans

Pour qu'ils retrouvent la fraîcheur du neuf après chaque lavage, ajoutez un peu de sucre dans leur dernière eau de rinçage.

Sac en cuir

• *Précaution*

Prenez le réflexe, dès que vous avez un sac en cuir neuf, de le garantir contre les taches de pluie en le frottant avec du cirage incolore.

• *Taches de pluie*

Si vous n'avez pas suivi le conseil précédent, vous ferez disparaître les taches de pluie en exposant votre sac pendant quelques instants au-dessus d'un récipient rempli d'eau bouillante. Une fois que votre sac sera sec, ce serait impardonnable de ne pas le cirer.

Sac en peau

L'humidité peut provoquer des traces de moisissure sur des sacs ou des gants en peau. Pour y remédier, les frotter délicatement avec un peu de glycérine.

Salade verte

• *Fanée*

Même si une salade verte vous semble trop flétrie pour être consommée, sachez qu'il est possible de la récupérer en en plongeant les feuilles dans de l'eau chaude. Une fois qu'elles auront retrouvé leur fermeté et leur craquant, vous les rincerez dans de l'eau froide avant de les assaisonner.

- *Préparation*

⊕ Je vous rappelle qu'il est préférable de séparer les feuilles de laitue à la main plutôt qu'en se servant d'un couteau.

⊕ N'oubliez pas par ailleurs d'ajouter un filet de vinaigre à leur eau de lavage, afin de neutraliser tous les hôtes indésirables qui auraient pu se nicher dans les feuilles.

Salière

- *Lavage*

Deux astuces pour mener à bien le nettoyage des salières :

⊕ Ajouter du vinaigre à l'eau chaude dont vous vous servirez et rincer ensuite abondamment ;

⊕ Plutôt que d'essayer d'en essuyer l'intérieur avec un torchon, utiliser un séchoir électrique.

- *Humidité*

Dès que le sel séjourne dans une atmosphère humide, il est très difficile de l'utiliser. Heureusement, nous ne manquons pas de solutions et j'en veux pour preuve celles-ci :

⊕ Mélanger quelques grains de riz au sel contenu dans votre salière. Ils absorbent l'humidité, à condition que vous pensiez à les renouveler.

⊕ Une autre possibilité, qui fait appel aux capsules en plastique qui ferment les bouteilles d'eau minérale. En effet, dans la plupart des cas, leur taille s'adapte parfaitement au bouchon perforé des salières. On peut donc en coiffer celui-ci, établissant ainsi un barrage contre l'humidité.

Salpêtre

⊕ Lorsque des murs en pierre se couvrent de salpêtre, vous pouvez certes utiliser l'un des produits en vente dans le commerce. Mais n'oubliez pas qu'il est important de brosser ces murs avec une brosse en chiendent puis de les lessiver avec de l'eau chaude additionnée de lessive Saint-Marc... et de terminer en rinçant à l'eau claire.

⊕ Il existe également un procédé fort efficace et que l'on utilisait autrefois : passer sur les pierres, après les avoir nettoyées comme précédemment, plusieurs couches d'un mélange d'huile de lin et d'essence de térébenthine, à raison de trois parts d'huile pour une part d'essence.

Sang

• *Taches*

Un principe de base, ne jamais utiliser d'eau chaude pour faire disparaître des taches de sang, mais procéder plutôt en fonction des données suivantes :

⊕ Sur du tissu grand teint : frotter la tache avec du sérum physiologique, puis la tamponner avec de l'eau oxygénée à dix volumes avant de rincer abondamment;

⊕ Sur des tissus de couleur : frotter la tache avec une pâte faite d'eau et d'amidon en poudre, puis laisser sécher afin de pouvoir brosser la croûte qui se sera formée.
Ou encore, solution surprenante mais efficace, faire dissoudre un cachet d'aspirine dans un peu d'eau et imbiber la tache avec la solution obtenue.

⊕ Le vinaigre blanc et la pâte d'amidon seront également efficaces pour faire disparaître des traces de sang; le premier pour les tapis ou moquettes et la seconde pour les matelas.

Satin

• *Lavage*

Il est toujours délicat de laver du satin, cependant pour minimiser les risques encourus, prendre la précaution d'ajouter du vinaigre et un morceau de sucre à la dernière eau de rinçage.
Surtout ne pas essorer et repasser humide.

Sauce

• *Grumeaux*

Un truc que je vous recommande de ne plus oublier, puisqu'il vous permettra d'éviter les grumeaux dans toutes les sauces à base de farine : utiliser une fourchette au bout de laquelle on a piqué une pomme de terre crue épluchée plutôt que la traditionnelle cuillère en bois.
Voir également : Roux.

• *Trop liquide*

Pour épaissir une sauce trop liquide, le premier réflexe est d'ajouter de la farine, mais il y a de grandes chances de voir des grumeaux se former. La solution ? Faire appel à des flocons de purée instantanée, qui rempliront la même fonction mais qui, puisqu'ils sont cuits immédiatement, ne présenteront pas cet inconvénient.
Je vous conseille de les ajouter hors du feu.

• *Trop salée*

Une simple cuillerée de sucre en poudre ajoutée à une sauce trop salée vous permettra de l'utiliser malgré tout.

Sauce béchamel

Une sauce béchamel préparée à l'avance se couvre d'une peau désagréable. Pour en éviter la formation, il vous suffit, à la fin de la préparation, de couvrir la préparation d'un papier beurré.

Sauce blanche

• *Congelée*

Pourquoi ne pas se donner la possibilité de disposer à volonté d'une sauce blanche instantanée ?
Voici comment le faire : mélanger une tasse de farine à une tasse de beurre ramolli. Placer la pâte ainsi obtenue dans un moule à glace au réfrigérateur. Lorsqu'elle est prise, la découper en cubes et conserver ceux-ci au congélateur.
Au moment de les utiliser, il suffira de prélever un cube par

tasse de lait et de chauffer doucement en tournant au fur et à mesure que la sauce épaissit.

Sauce tomate

Pour lui donner un goût agréablement épicé, ajoutez-lui une cuillerée à café de moutarde blanche et un morceau de sucre.

Saucisses

Pour qu'elles n'éclatent plus à la cuisson :

- Les piquer avec une fourchette ;
- Et avant de les intégrer à des plats tels que les potées, choucroutes ou cassoulets, les plonger quelques instants dans de l'eau bouillante.

Saucisson

• *Entamé*

Pour qu'il ne se dessèche plus une fois entamé, enduire la tranche apparente de matière grasse (margarine, beurre, saindoux) ou encore maintenir à son contact une rondelle de citron.

• *Moisi*

Pour supprimer de sa croûte toute trace de moisi, la frotter avec un linge imbibé d'une pâte liquide faite d'eau et de sel.

• *Épluchage*

Pour que sa peau se laisse enlever facilement, il suffit de l'enfermer pendant une dizaine de minutes dans un linge mouillé et essoré.

Sauté de veau

Étonnez vos amis en lui donnant un moelleux dont on vous demandera le secret : l'adjonction d'un demi-verre de bière en cours de cuisson.

Scie

Tous les scieurs de bois amateurs savent combien leur travail se trouve compliqué de par la tendance qu'a le bois à se refermer sur lui-même au fur et à mesure qu'on le scie. Pour pallier cet inconvénient, une astuce qui consiste à glisser une pièce métallique (lame de couteau, vieille scie à métaux...) dans la fente que l'on vient de faire, et à la faire progresser au fur et à mesure que l'on scie.

Séchage

Certains vêtements doivent sécher sur des cintres, mais là où le problème se corse, c'est lorsqu'on veut suspendre ces cintres sur une corde à linge. En effet, le poids des vêtements mouillés tend à les entraîner tous vers un même point à moins que l'on ne prenne la précaution de faire des nœuds à intervalles réguliers sur la corde à linge.
Voir aussi : Pinces à linge

Semis

• *De carottes*

La prochaine fois que vous ferez du semis de carottes, je vous suggère d'y intégrer des graines de semences de radis. Pourquoi ?

⊕ Parce que les radis lèvent plus vite, ce qui permet de repérer les rangs de plantations.

⊕ Et, autre avantage à ne pas négliger : l'odeur du radis éloigne la redoutable araignée rouge, ennemie jurée de la carotte.

Serpillière

Si, au tout récent balai-éponge, vous continuez de préférer le traditionnel balai-brosse assorti d'une serpillière, voici comment maintenir celle-ci en bonne place afin qu'elle n'échappe plus à l'emprise du balai : planter deux petits clous à tête fine de part et d'autre du manche et le problème sera réglé.

Serre-joint

Tous les bricoleurs craignent de marquer les pièces de bois qu'ils maintiennent dans un serre-joint, et généralement cette réserve est justifiée. Pour la faire tomber, il suffit de placer, voire de coller, sous l'extrémité de la vis du serre-joint, un bouchon de plastique qui ferme les bouteilles d'eau minérale.

Shampooing sec

Il nous rend incontestablement de grands services... à condition d'en avoir toujours en réserve.
Ce que vous ne savez peut-être pas, c'est que vous en avez forcément chez vous à disposition, puisque du talc ou de la farine remplissent exactement le même office, avec un résultat équivalent.

Sirop

En dépit des efforts des laboratoires pharmaceutiques, il faut bien reconnaître que certains sirops se laissent avaler difficilement.
Ceci est surtout vrai avec les enfants, mais il suffit d'une petite astuce pour venir à bout de leur refus : les convaincre de s'amuser à sucer un glaçon avant d'avaler la cuillère de sirop.

Soie

• *Lavage*

Il est tout à fait possible de laver de la soie, à condition de respecter le processus suivant :

- N'utiliser que de l'eau froide, tant pour le lavage que pour le rinçage ;
- Ne jamais la tordre mais se contenter de la presser dans les mains ;
- Ajouter du sucre et quelques gouttes de jus de citron à la dernière eau de rinçage ;
- Ne jamais la faire sécher au soleil.

Soie blanche

Pour lui garder son apprêt et l'empêcher de jaunir, plusieurs astuces :

⇴ Lui faire prendre un bain dans du lait écrémé avant de la laver, ou bien ajouter deux cuillerées à soupe de lait à sa dernière eau de rinçage ;

⇴ Ajouter quelques pincées de borate à son eau de rinçage ou, si l'on préfère, un peu de vinaigre blanc.

• *Jaunie*

Si vous n'avez pas pris les précautions précédentes, voici comment déjaunir de la soie blanche : la plonger dans de l'eau additionnée d'eau oxygénée à douze volumes (quatre parties d'eau pour une d'eau oxygénée) et de quelques gouttes d'ammoniaque.
Faire suivre cette opération d'un rinçage soigneux.

Sommier métallique

Pour ne plus être réveillé au milieu de la nuit par le grincement de votre sommier, pulvérisez sur toute sa surface un dégrippant en bombe. Prendre la précaution de s'assurer qu'il ne tache pas.

Soufflé

• *Préparation*

Pour le réussir, deux précautions à prendre au départ :

⇴ Enduire le moule d'huile puis le fariner légèrement avant d'y verser la préparation. Le soufflé ne collera plus aux parois et y gagnera une coloration appétissante.

⇴ Une fois la préparation versée dans le moule, placer le tout au réfrigérateur pendant un quart d'heure avant de le mettre au four.

• *Cuisson*

Pour qu'un soufflé au fromage retombe moins vite, répartissez à sa surface, avant de l'enfourner, quelques fines lamelles de gruyère.

• *Au citron*

Sa saveur sera décuplée si vous frottez les morceaux de sucre avec la peau d'un citron.

• *Attente*

Celle-ci sera facilitée si vous le recouvrez d'une feuille de papier d'aluminium ménager et que vous le maintenez dans le four, porte entrebâillée.

Sous-verre

Si vous êtes de ceux qui ne supportent pas la vue d'un sous-verre légèrement de travers, armez-vous de deux petits morceaux de papier de verre très fin et collez-les dans les angles inférieurs du sous-verre. Sa stabilité sera assurée.

Stérilisation

Pour que des bocaux que vous faites stériliser ne s'entrechoquent plus, avez-vous déjà songé qu'il suffit de passer autour de chacun d'eux le caoutchouc dont vous vous étiez servi lors d'une précédente stérilisation ?

Stoppage

Plutôt que de repriser une déchirure ou un accroc, il est souvent préférable de les stopper. Si le mal ne nécessite pas l'intervention d'un spécialiste, voici comment faire vous-même un stoppage quasi invisible :

- Poser le vêtement bien à plat, de manière à ce que les bords de la déchirure soient bien en contact ;
- A l'aide d'un pinceau, badigeonner l'envers du tissu avec du blanc d'œuf, puis appliquer par-dessus un morceau de tissu que vous aurez récupéré dans l'ourlet du vêtement, par exemple ;

⊕ Appuyer fortement sur le tout un fer à repasser bien chaud, en ayant intercalé un linge léger.
La chaleur ainsi dégagée cuira l'albumine de l'œuf, faisant ainsi adhérer les fibres du tissu tout en leur gardant leur souplesse.

Stylo bille

Il arrive assez souvent que la pointe d'un stylo bille s'encrasse d'encre ou de peluches. Pour l'en débarrasser, la faire tourner rapidement dans un filtre de cigarette.

Stylo feutre

S'il refuse de terminer la lettre que vous étiez en train d'écrire, ou si vous avez oublié de le coiffer de son capuchon, trempez-en la pointe dans du vinaigre. Il remplira encore son office pour quelque temps.

Sucre

- *Humidité*

Le sucre, tout comme le sel, souffre de l'humidité. Ceci est non seulement valable pour le sucre en poudre, mais également pour le sucre en morceaux.
Si vous pensez à placer un morceau de papier buvard dans le fond de la boîte où vous disposez vos sucres en morceaux, vous n'aurez plus à craindre ce problème.

- *Taches*

On entend par taches de sucre des taches provoquées également par les boissons sucrées ou les confiseries. Pour les supprimer, voici comment procéder :

⊕ Sur tissu : un peu d'eau tiède peut suffire, à condition de renouveler souvent le tampon avec lequel on l'applique ; sinon, ajouter un peu d'alcool à 90° à cette eau tiède.

⊕ Sur du bois ciré : il s'agit là presque toujours de taches de boissons laissées par des verres et, dans ce cas, frotter le meuble avec du marc de café tiède et terminer au chiffon doux.

Sucre vanillé

Pourquoi ne feriez-vous pas vous-même votre sucre vanillé ? Le principe en est simple : il suffit de mélanger à 200 grammes de sucre semoule un bâton de vanille coupé en petits morceaux. Au bout de deux ou trois semaines, vous pourrez l'utiliser pour vos desserts.

T

Table bancale

Ce n'est pas lorsqu'on est à table que l'on peut se lancer dans des travaux de bricolage pour remédier au problème posé par une table bancale.
En revanche, on peut très bien glisser sous le pied concerné une boulette de pain de mie.

Tableaux

- *Fixation*

Avez-vous déjà pensé que les anneaux du système d'ouverture des boissons en boîte peuvent constituer un petit accessoire extrêmement utile pour suspendre un tableau ?
Il suffit pour ce faire d'en clouer la partie pleine au dos du cadre, et de se servir de l'anneau pour accrocher le tableau.

- *Précaution*

Afin d'éviter les traces que laisse inévitablement la poussière en s'accumulant derrière un tableau, enfoncer deux punaises, très légèrement, dans les deux angles inférieurs, au dos du cadre.
En maintenant un espace entre le mur et ce tableau, elles permettront à l'air de circuler tout en étant parfaitement invisibles.

Taille-crayon

Il en est des lames de taille-crayon comme de tout autre objet tranchant, elles nécessitent un aiguisage au bout d'un certain temps. Pour ce faire, je vous conseille de procéder comme si vous deviez tailler un crayon, mais d'en entourer auparavant la pointe d'un petit morceau de toile émeri.

Tapis

• *Nettoyage*

L'une des premières règles à redécouvrir en ce qui concerne l'entretien des tapis, c'est l'usage de la tapette avec laquelle on les bat. C'est ainsi que, quelle que soit l'astuce d'entretien que vous retiendrez, je vous conseille de le faire avant d'appliquer celle-ci. Cet à priori étant établi, voici deux procédés selon la dimension du tapis concerné :

⊕ Pour un petit tapis : le frotter par petites parties avec de la mie de pain de seigle frais et chaud. Le suspendre ensuite à l'ombre et l'y laisser pendant vingt-quatre heures.

⊕ Pour un grand tapis, le saupoudrer de sciure de bois imbibée de vinaigre d'alcool ou d'ammoniaque. Brosser pour faire pénétrer et laisser sécher avant de passer l'aspirateur.

• *Couleur*

Plusieurs possibilités pour raviver les couleurs d'un tapis devenu terne :

⊕ Le recouvrir de feuilles de thé infusées et essorées, le brosser avec une brosse trempée dans de l'eau additionnée d'ammoniaque (deux cuillerées à soupe pour un litre d'eau). Sécher ensuite avec un linge sec.

⊕ Répandre sur toute sa surface du marc de café humide.
N.B. : Dans tous les cas, terminer l'opération en balayant avec un balai de paille de riz.

• *Rénovation*

⊕ Préparer une infusion d'épluchures de pommes de terre, en imbiber uné éponge et en frotter tout le tapis. Au bout de quelques heures, le rincer avec une éponge imbibée d'eau claire.

ɵ→ Je vous signale également une solution particulièrement efficace, mais qui n'est applicable qu'en hiver et à condition que vous habitiez une région parfois enneigée : je vous propose en effet, dès que vous pouvez profiter d'une mince couche de neige sur votre balcon ou dans votre jardin, de poser votre tapis bien à plat, l'endroit tourné contre la neige. Quand, au bout d'un quart d'heure, vous le secouerez, vous serez étonné du coup de jeunesse qu'il aura pris.

ɵ→ Pour des tapis de petite taille, par exemple des descentes de lit, savez-vous que le chou vous permettra de les nettoyer ? Il suffit, après l'avoir coupé en deux, d'utiliser chacune de ses moitiés comme s'il s'agissait d'une brosse et de passer ensuite l'aspirateur pour enlever les particules qui s'en seraient détachées.

• *Mites*

Savez-vous que vous pouvez, du même coup, nettoyer votre tapis et détruire les larves de mites qui pourraient s'y être nichées en le frottant avec un tampon imbibé d'essence de térébenthine ?

• *Franges*

Elles sont partie intégrante du tapis, mais nécessitent cependant un entretien spécifique.
Le meilleur moyen pour les nettoyer consiste à les brosser à l'eau savonneuse après les avoir « peignées » et avoir glissé dessous un tissu qui les isolera du sol.
Après les avoir rincées, je vous conseille de les imbiber d'une eau légèrement amidonnée pour les garantir contre les faux plis.

• *Glissant*

Pour qu'un tapis ne glisse plus, mis à part la solution des équerres ou du filet de caoutchouc, vous pouvez coller des rustines de place en place sur l'envers du tapis.
Voir également : Parquet (ciré).

• *Isolation*

Pour empêcher le froid d'un carrelage de gagner le tapis qui le recouvre, intercalez plusieurs couches de papier journal qui serviront d'isolant.

• *Rangement*

Quelle que soit la valeur marchande d'un tapis, ne le rangez jamais avant d'avoir pris la précaution suivante : le recouvrir de papier journal, le rouler sur lui-même et envelopper également de papier journal le rouleau obtenu.
L'odeur de l'encre d'imprimerie en éloignera les mites.

Tapis ancien

• *Protection*

Les insectes (mites, teignes...) sont les ennemis numéro un des tapis anciens. Même les insecticides ne parviennent pas toujours à en détruire les larves et, de plus, leur usage trop fréquent risque d'encrasser la trame.

θ→ La solution radicale existe: la réfrigération. Pour un tapis de petite taille, la solution existe chez vous. Après un séjour de 48 heures dans le congélateur, il sera assaini pour des mois.

θ→ Pour un tapis de grande taille, seule solution : la chambre froide.

Tapis blanc

• *Nettoyage*

Saupoudrez-le sans hésitation de farine ou de talc et brossez avant de passer l'aspirateur.

Tapisserie

Au bout d'un certain temps la poussière ternit les couleurs des laines utilisées pour faire une tapisserie. Pour les raviver, il suffit de passer délicatement un tampon imbibé d'éther sur toute sa surface.

Tarte

• *Pâte*

⊕ Pour l'étaler très facilement, placez-la entre deux feuilles de papier sulfurisé avant de vous servir de votre rouleau à pâtisserie.

⊕ Un autre problème rencontré également avec une pâte à tarte : son transport du plan de travail jusqu'au moule. Pour le résoudre, la maintenir enroulée autour du rouleau à pâtisserie et il n'y aura plus de risque de déchirure.

⊕ Voir aussi : Pâte à tarte.

• *Démoulage*

Plutôt que de risquer de nuire à la présentation d'une tarte en s'obstinant à vouloir la démouler alors qu'elle colle au moule, plongez le fond de celui-ci, au sortir du four, dans un ou deux centimètres d'eau froide. Vous démoulerez alors votre tarte sans difficulté.

• *Garniture*

Lorsqu'on utilise des fruits juteux pour garnir une pâte à tarte, celle-ci se trouve rapidement détrempée. Pour l'isoler, saupoudrez-la d'un mélange de sucre et de farine, ou bien recouvrez-la d'une fine couche de chapelure.

Tartre

La trace de calcaire qui demeure à l'intérieur d'une casserole disparaîtra si on y fait bouillir à gros bouillons des épluchures de pommes de terre.

Taupes

Savez-vous que vous pourrez vous débarrasser des taupes qui creusent des galeries dans votre jardin en introduisant dans les trous qu'elles fréquentent des boules de naphtaline ?

Teint clair

• *Masque*

Plusieurs recettes de masques à base d'éléments naturels vous permettront d'obtenir un teint clair :

⊕ Mélangez deux cuillerées de farine de maïs à un blanc d'œuf battu en neige légère, appliquez sur votre visage la crème onctueuse ainsi obtenue et ne la retirez que lorsqu'elle sera parfaitement sèche ;

⊕ Mélangez du jus de citron et du lait entier en quantités égales, et vous obtiendrez également un masque qui éclaircira votre teint. Voir aussi : Masques de beauté et Peau.

Terrine

Pour vous assurer qu'une terrine est cuite à point, appliquez le même principe que pour un gâteau : enfoncez une lame de couteau qui devra en ressortir sèche.

Thé

• *Taches sur tissu*

⊕ Sur tissu blanc : un peu d'eau savonneuse et, si cela ne suffit pas, quelques gouttes de jus de citron. Rincer ensuite à l'eau froide.

⊕ Sur tissu de couleur : pour une tache récente, la frotter avec un jaune d'œuf délayé dans de l'eau tiède. Pour une tache ancienne, la tamponner avec de l'eau additionnée de glycérine.

• *Taches sur moquette*

C'est avec un mélange d'alcool et de vinaigre blanc en quantités égales que vous ferez disparaître les taches de thé sur une moquette ou un tapis.

Théière

• *Odeurs*

Si vous avez une théière dont vous ne vous servez que rarement, je vous conseille de prendre l'habitude de toujours y laisser séjourner un morceau de sucre. Sa présence empêchera votre théière de prendre une odeur de renfermé.

• *Nettoyage*

Je vous rappelle que le tanin qui se dépose sur les parois intérieures d'une théière ne doit pas être nettoyé, à moins qu'il ne prenne de trop grandes proportions.
Dans ce cas, n'utilisez surtout pas de détergent, et contentez-vous de frotter avec du gros sel, pour détacher ce tanin.

Thermomètre

Il arrive fréquemment que la colonne de mercure ou d'alcool d'un thermomètre se divise en fragments, mais il est tout à fait possible d'y remédier. Il suffit de plonger la pointe du thermomètre dans de l'eau tiède, pour que la colonne se reforme en un trait continu.
Pour plus de sécurité, je vous conseille de surveiller l'opération.

Timbre-poste

L'humidité leur est nuisible. Pour les récupérer, je vous propose deux solutions :

- Les repasser à fer doux pour les séparer les uns des autres puis les appliquer sur une surface vitrée dont ils se détacheront d'eux-mêmes lorsqu'ils seront complètement secs ;
- Ou bien placer les timbres collés entre eux dans le congélateur. Ils s'y sépareront d'eux-mêmes et, de plus, leur colle sera encore utilisable.

Tiroir

- Pour assurer à un tiroir un bon fonctionnement, il suffit d'en enduire les côtés et les arêtes avec de la paraffine.
- Mais il est heureusement très facile de rattraper un tiroir qui se coince en procédant de la façon suivante : passer de la craie sur toutes les surfaces ou arêtes étant en contact avec

le meuble. Remettre le tiroir en place et le retirer à nouveau. Tous les endroits de frottement apparaîtront : ils ne comporteront plus de traces de craie et vous pourrez donc raboter en étant sûr de vous.

Tissu noir

• *Entretien*

Je vous conseille de brosser régulièrement tous vos vêtements en tissu noir avec une petite brosse trempée dans du café. En procédant toujours dans le même sens et en laissant sécher à l'ombre, je vous garantis que les vêtements ainsi traités garderont ce noir profond qui en fait le charme.

• *Lustré*

Un tissu noir lavable et lustré retrouvera sa fraîcheur si vous le faites séjourner ou bouillir dans un bain de feuilles de lierre.

Toile cirée

• *Entretien*

Sans sortir de votre cuisine, vous pourrez parfaitement entretenir votre toile cirée, et ceci grâce à deux procédés fort simples et peu coûteux :

- La frotter avec un reste de vinaigrette, ce qui lui donnera également du brillant ;
- Ou encore avec un blanc d'œuf battu en neige molle.

• *Usée*

Une toile cirée usée est d'un entretien plus délicat, mais on y parvient très bien avec :

- De l'eau vinaigrée ;
- Ou de la colle diluée dans de l'eau tiède.

• *Tachée*

- Marque de plat chaud : ce type de problème est inévitable si l'on ne prend pas la précaution d'utiliser un dessous de plat, mais il n'est heureusement pas insoluble : sa solution passe par de l'huile camphrée que l'on applique avec un chiffon.

⊕ Trace de stylo bille : avec un mélange d'alcool à 90° et de vinaigre blanc en parties égales, on viendra à bout des traînées de stylo bille les plus tenaces.

⊕ Pour des traces légères, du jus de citron devrait suffire.

Toit

- *Mousse*

Connaissez-vous l'astuce infaillible pour éviter la formation de mousse sur les tuiles d'un toit ?
Il suffit de tendre sur le faîtage un fil de cuivre.

Tomates

- *Maturité*

Pour faire mûrir des tomates trop fermes, les laisser séjourner pendant quelques jours dans du papier journal.

- *Épluchage*

Trois possibilités pour vous faciliter la tâche :

⊕ Les plonger quelques instants dans de l'eau bouillante ;

⊕ En froisser la peau en passant dessus le dos de la lame d'un couteau ;

⊕ Piquer la tomate au bout d'une fourchette et la passer rapidement dans une flamme.

- *Au four*

En plaçant vos tomates dans des moules à madeleines avant de les mettre au four, vous serez certaine qu'elles garderont leur forme. Ceci vaut également pour les poivrons.

- *Mildiou*

Pour les immuniser contre le mildiou, une astuce : avant de les repiquer, attacher à la racine un fil de cuivre. Vous vous en procurerez facilement un en le détachant d'un fil électrique dont vous ne vous servez plus.

• *Farcies*

Pour que chacun apprécie désormais sans réserve les tomates farcies, deux recommandations :

⊕ Les faire dégorger une fois vidées en en saupoudrant l'intérieur de gros sel et en les retournant sur une grille ;

⊕ Avant de les farcir, déposer dans le fond de chacune d'elle quelques grains de riz qui absorberont l'humidité en cours de cuisson.

Torchons

• *Attache*

⊕ Plutôt que de coudre un morceau de ruban dans l'angle d'un torchon, je vous conseille d'utiliser de l'élastique plat, qui vous garantira contre les risques de déchirure.

⊕ Par ailleurs, si l'on coud une attache non seulement en haut d'un essuie-main, mais aussi en bas, et que l'on alterne le sens dans lequel on le suspend, on ralentira de moitié les risques d'usure.

• *Précaution*

Rien de plus désagréable qu'un torchon qui peluche, alors qu'il suffit, pour éviter cet inconvénient, d'ajouter un peu d'amidon dans la dernière eau de rinçage.

Transpiration

• *Taches*

Des taches de transpiration suffisent à rendre importables les vêtements car l'auréole qu'elle laisse est particulièrement inesthétique. Pour la supprimer, plusieurs méthodes qui sont fonction du tissu :

⊕ Grand teint : tamponner avec une solution d'acide oxalique, rincer puis terminer en frottant avec de l'eau oxygénée diluée ;

⊕ Fragile : une eau légèrement ammoniaquée ou encore quelques gouttes de jus de citron peuvent suffire, sinon tamponner la tache avec un mélange d'eau oxygénée et d'ammoniaque ajoutées à de l'eau (une partie d'ammoniaque, deux parties d'eau oxygénée pour six parties d'eau) ;

Laine : ce sont les taches les plus fréquentes, et pour les faire disparaître, laisser tremper le lainage dans de l'eau froide additionnée de vinaigre, et ceci pendant plusieurs heures.

Tricot

• *A la main*

Pour que les côtes des poignets et du bas d'un pull-over gardent leur tenue, vous pouvez soit monter les mailles avec de la laine doublée, soit une fois les mailles montées, tricoter le premier tour à l'endroit avant d'entamer le point de côtes.

• *Pelotes*

Il est tout à fait possible de changer de pelote sans faire de nœud. Il suffit de laisser libre quelques centimètres de la pelote terminée et de croiser ce brin avec le début de la pelote suivante. Pour plus de sécurité, on peut maintenir ces deux brins en faisant quelques points.

• *Peluches*

Pour les supprimer, simuler le geste de coller du ruban adhésif sur le lainage concerné, ou le brosser avec une brosse glissée dans un bas nylon.
Voir également : Peluches.

• *Réparation*

La prochaine fois que vous entreprendrez un tricot, prévoyez de garder un petit peloton de laine, dont vous vous servirez lorsque vous en serez arrivée au stade de l'assemblage des différents éléments du pull-over. Voici pourquoi :

Si vous prenez la précaution de glisser une bonne longueur de laine dans chaque couture, vous serez contente de vous en servir lorsque vous devrez faire une reprise ou réparer un accroc. Vous y trouverez en effet deux avantages :

– plus de recherches pour trouver la laine d'origine ;

— plus de contraste entre la teinte de la laine servant à repriser et celle du pull-over, puisqu'elles auront suivi le même itinéraire.

Truite

• *Meunière*

Pour qu'elle ne fonde plus à la cuisson, trempez-la dans du lait avant de la rouler dans la farine.

• *Au bleu*

Vous ne devez ni l'écailler ni la laver avant de la plonger dans son court-bouillon.

Tulipes

Elles ont tendance à se recourber sur leur tige mais vous pouvez réduire ce risque si vous les maintenez pendant une demi-heure bien serrées dans le papier du fleuriste avant de les placer dans un vase.

Tuyau

• *Embout*

Lorsque vous voulez faire un raccord dans un tuyau, ou que vous voulez y adapter un embout, deux solutions pour faciliter votre tâche :

- Plonger la partie concernée pendant quelques instants dans de l'eau chaude ;
- Ou la savonner.

Tuyau d'arrosage

• *Rangement*

C'est en l'enroulant à l'intérieur d'un vieux pneu usagé que vous lui garantirez les deux conditions indispensables à son bon fonctionnement : être à l'abri des cassures puisqu'il est enroulé et être protégé des intempéries.
De plus, vous pourrez facilement le transporter.

• *Réparation*

Le procédé le plus fréquemment utilisé pour réparer un tuyau détérioré consiste à le raccorder à l'aide d'une douille métallique. Il en existe cependant un autre, plus simple et moins onéreux :

Gratter la surface du tuyau à traiter afin de la rendre rugueuse et l'enduire d'une colle « contact ». Une fois celle-ci un peu sèche, enrouler en formant des spires jointives une ficelle fine que l'on serrera sans excès et sur laquelle on passera ensuite une seconde couche de colle.

V

Vase

- *Poreux*

Ne renoncez plus à vous servir d'un vase sous prétexte qu'il est poreux puisque vous lui rendrez son imperméabilité en y faisant fondre de la paraffine.

Velours

- *Nettoyage*

C'est en faisant appel à l'ammoniaque que vous pourrez nettoyer du velours et ceci de la façon suivante : mélanger deux cuillerées à soupe d'ammoniaque à deux autres d'eau chaude. Brosser le vêtement dans le sens des poils avec une brosse imprégnée de la solution obtenue.

- *Lavage*

Pour que le velours ne souffre pas d'un lavage, pensez à retourner les vêtements avant de les mettre en machine.

- *Fauteuils*

Si vous pensez à passer sur le velours de vos fauteuils une peau de chamois humide, et ce régulièrement, vous leur garantirez longue vie.

Vernis

• *Rénovation*

Pour rajeunir un vernis devenu terne, passez sur vos meubles un chiffon de coton doux imbibé d'un mélange d'huile de lin et d'alcool à brûler.

Vernis noir

Pour redonner l'éclat du neuf à un sac ou à une ceinture en vernis noir, frottez avec une moitié d'oignon ou un peu de lait cru.

Vernis à ongles

• *Utilisation*

Sachez tout d'abord que ce n'est pas sans raison qu'il est recommandé de secouer un flacon de vernis à ongles avant de s'en servir, c'est pour éviter la formation de bulles d'air.

• *Séchage*

Plutôt que de vous impatienter et de prendre le risque d'abîmer votre vernis avant qu'il ne soit sec, passez vos ongles sous l'eau froide et il sèchera beaucoup plus vite.

• *Conservation*

C'est en plaçant vos flacons de vernis à ongles dans le réfrigérateur que vous les conserverez en parfait état d'utilisation.

Verre

• *Dépoli*

Pour nettoyer du verre dépoli, brossez-le avec de l'eau chaude additionnée de vinaigre d'alcool.

Verres

• *Coincés*

Inutile de forcer pour tenter de séparer deux verres encastrés l'un dans l'autre. Il vaut beaucoup mieux utiliser la méthode douce qui consiste à plonger le verre inférieur dans de l'eau chaude et à remplir l'autre d'eau froide.

Verrerie

• *Nettoyage*

θ› Pour un entretien régulier, ajoutez un peu de vinaigre d'alcool à l'eau de rinçage, et votre verrerie restera brillante.

θ› Pour un vrai nettoyage, n'utilisez surtout pas de produit risquant de rayer verres ou carafes. Remplissez-les plutôt d'une eau dans laquelle vous jetterez quelques petits morceaux de pommes de terre crues ou même des épluchures de pommes de terre. Vous laisserez reposer plus ou moins longtemps selon que le récipient est plus ou moins terne, et veillerez à l'agiter régulièrement.

Vers

• *Bois*

Faites subir aux meubles concernés un traitement de plusieurs jours qui consiste tout simplement à frotter le bois atteint avec une moitié d'oignon.

Vers de terre

Voici une solution pour vous débarrasser des vers de terre sans aucun risque de détérioration pour vos plantes et vos semis : arroser avec une macération de marrons d'Inde (vous l'obtiendrez en écrasant dix marrons d'Inde dans un litre d'eau et en laissant reposer vingt-quatre heures).

Vers de vase

Avis à tous les pêcheurs qui, lorsqu'ils connaîtront le truc suivant, pourront satisfaire leur passion puisqu'ils auront en réserve tous les vers de vase dont ils peuvent rêver : lorsqu'il fait nuit, il suffit de partir à leur recherche avec une lampe devant laquelle on aura placé un écran rouge (grâce à un papier, de la cellophane ou même un tissu léger). Pourquoi ? Parce que les vers de vase, tout comme les sauterelles ou les criquets, sont insensibles à la lumière rouge.

Viande

• *Hachée*

⊖→ Lorsque vous hachez vous-même de la viande, n'oubliez pas de faire passer un morceau de pain rassis dans l'appareil dont vous vous êtes servi pour le nettoyer et le débarrasser de tous les petits morceaux de viande qui pourraient y rester coincés.

⊖→ La prochaine fois que vous ferez des boulettes de viande hachée, je vous conseille d'y ajouter une goutte d'huile plutôt qu'un jaune d'œuf. C'est plus économique et cela leur évitera de durcir à la cuisson.

• *Suggestion*

Plutôt que d'utiliser un pinceau pour huiler une viande avant de la faire cuire, avez-vous pensé à vous servir d'un petit bouquet d'herbes aromatiques comme d'un balai ?

• *Congelée*

Une viande congelée dégèlera plus rapidement si vous la passez à l'eau vinaigrée.
Ceci est également valable pour du poisson.

Vin

• *Bouchon*

Un bouchon trop gros peut être ramené à un diamètre

adapté au goulot de votre bouteille de vin grâce à l'un de ces deux trucs :

- L'immerger dans de l'eau bouillante ;
- Pratiquer une entaille en « V » dans la partie destinée à entrer dans le goulot.

• *Taches*

- Sur du linge blanc : c'est avec du lait bouillant que vous ferez disparaître les taches de vin.
- Sur des tissus de couleur : immerger la partie tachée dans de l'eau froide additionnée d'ammoniaque.
- Sur du cuir : frotter délicatement avec un tampon imbibé d'eau tiède, puis nettoyer doucement avec de l'essence de térébenthine. Cirer ensuite avec une crème de la couleur du cuir.

Lorsqu'un accident se produit à table, il est essentiel d'intervenir immédiatement pour minimiser les dégâts. On peut le faire de deux façons :

- en saupoudrant la tache de sel fin ;
- en l'imbibant de vin blanc, s'il s'agit d'une nappe en coton blanc.

• *Entamé*

Pour qu'une bouteille de bon vin entamée ne vous déçoive pas lorsque vous la terminerez, fixez une allumette sous le bouchon, enflammez-la et rebouchez très rapidement la bouteille. L'air contenu à l'intérieur de celle-ci s'en trouvera raréfié.

Vin blanc

• *De remplacement*

- Si vous n'avez plus de vin blanc pour faire une sauce, remplacez-le par du vinaigre de vin dilué dans un peu d'eau et auquel vous ajouterez deux morceaux de sucre.

Vin cuit

• *Dépannage*

Si vous manquez de vin cuit pour une sauce, sachez que vous pourrez le remplacer par un verre de vin blanc dans lequel vous ferez cuire un pruneau et du sucre.

Vinaigre

• *Taches*

Si votre linge de table blanc est taché de vinaigre, faites appel à de l'eau oxygénée à dix volumes, puis rincez à l'eau claire.

Vinaigrette

Avant toute chose, sachez que vous devez faire dissoudre le sel entrant dans la composition de votre vinaigrette dans le vinaigre et ceci avant de le mélanger à l'huile. En effet, cette dernière empêche le sel de fondre.

• *Trop forte*

Si votre salade est terminée et que ses feuilles soient immangeables parce que trop vinaigrées, rattrapez-la en y intégrant une grosse boulette de mie de pain. Elle absorbera pratiquement toute cette vinaigrette trop forte et il vous suffira de rajouter de l'huile pour rendre votre salade consommable.

• *Suggestion*

Savez-vous qu'il suffit d'ajouter une pointe de curry en poudre dans une sauce vinaigrette pour donner à votre salade un délicieux goût de noix ?

Vis

• *Tenue*

Assurez-lui une bonne tenue en la trempant dans de l'ammoniaque avant de la visser.
Voir aussi : Clou.

• *Pose*

Si le bois dans lequel vous devez faire pénétrer une vis est particulièrement dur, enduisez l'extrémité de celle-ci d'un peu de matière grasse. Votre travail s'en trouvera facilité.

• *Récalcitrante*

On rencontre plusieurs types de problèmes avec des vis, voici comment y remédier :

θ› Vis qui flotte : lorsqu'on ne peut la remplacer par une vis plus longue ou plus grosse, il est possible, après avoir fendu une allumette dans sa longueur, de la glisser dans le trou où loge la vis, puis de placer celle-ci entre les deux parties de l'allumette.

θ› On peut également entourer la vis d'une petite ficelle préalablement trempée dans de la colle et replonger une nouvelle fois le tout dans cette même colle avant de remettre la vis en place.

θ› Vis peinte : pour dévisser une vis recouverte de peinture, il suffit de la chauffer dans la flamme d'une bougie ou d'un briquet afin que la peinture se ramollisse et laisse tourner la vis sans difficulté.

• *Rouillée*

Trois possibilités pour pouvoir dévisser une vis rouillée :

θ› L'enduire de pétrole et le laisser agir quelques instants ;

θ› Chauffer l'extrémité d'un vieux tournevis et la maintenir en contact pendant quelques minutes avec la tête de la vis. Elle se dilatera sous l'effet de la chaleur et se dissociera de l'oxyde qui la maintenait bloquée.

θ› La badigeonner d'un mélange de quelques gouttes d'huile de machine à coudre dans du dissolvant à ongles et attendre avant d'intervenir.

• *Précaution*

Toutes les astuces précédentes s'annuleront d'elles-mêmes si vous prenez la précaution d'enduire de cire d'abeille les vis que vous voulez protéger de la rouille.

Vitres

• *Nettoyage*

C'est avec du vinaigre que vous obtiendrez le meilleur résultat pour le nettoyage de vos vitres. Soit en l'utilisant dilué dans de l'eau très chaude, soit en mélangeant quelques gouttes à du blanc d'Espagne.

• *Traces de doigts*

Inutile d'entreprendre le nettoyage complet d'une vitre sur laquelle apparaissent des traces de doigts puisqu'il suffit de les frotter avec un chiffon imbibé d'eau ammoniacale pour les supprimer.

• *Traces de peinture*

Voir à : Peinture.

Voilages

• *Blancheur*

Des voilages blancs en textile synthétique retrouveront leur blancheur et l'aspect du neuf si vous délayez dans leur dernière eau de rinçage un paquet de 500 grammes de bicarbonate de soude.

• *Séchage*

Si votre mari est bricoleur et de bonne volonté, demandez-lui de fixer une tringle chemin de fer au plafond de votre salle de bain, au-dessus de votre baignoire.
Ce petit dispositif vous permettra de suspendre vos voilages sitôt lavés et de les laisser sécher dans leurs plis, vous dispensant ainsi de la corvée de repassage.

• *Teinture*

Si le soleil et la lumière les ont jaunis par endroits, pourquoi ne pas adopter la solution d'en uniformiser la teinte en les laissant tremper pendant toute une nuit dans une décoction de thé ?

Voiture

• *Précautions*

Avec un peu de prévoyance, vous vous prémunirez contre toutes les mauvaises surprises qui risquent de vous attendre avec le retour des grands froids.

ϑ→ Pour les serrures : y coller un peu de ruban adhésif ou bien, à l'aide d'une burette, verser quelques gouttes d'huile de vaseline dans chacune d'elles.

ϑ→ Pour les portières : en talquer les joints de caoutchouc pour qu'ils ne collent plus sous l'effet du gel.

L'impression de ce livre
a été réalisée sur les presses
des Imprimeries Aubin
à Poitiers/Ligugé

Achevé d'imprimer le 10 juin 1982
N° d'édition, 7020. — N° d'impression, L 14622
Dépôt légal, juin 1982

Imprimé en France